KB274760

언제나 사랑으로 저를 지지해주신
아버지(故 김순민 집사)와 어머니(김덕업 권사)에게
감사의 마음을 담아 이 책을 바칩니다.

좋은 기분을 만드는 작은 행동들

국립중앙도서관 출판시도서목록(CIP)

좋은 기분을 만드는 작은 행동들 / 지은이: 김경원.
-- 고양 : 위즈덤하우스, 2013
　　p. ;　　cm

ISBN 978-89-6086-608-9 13320 : ₩13800

인생훈[人生訓]

199.1-KDC5
179.9-DDC21　　　　　　　　　CIP2013008819

좋은 기분을 만드는 작은 행동들

초판 1쇄 인쇄 2013년 6월 17일　**초판 1쇄 발행** 2013년 6월 24일

지은이 김경원
펴낸이 연준혁

출판 2분사 분사장 이부연
책임편집 우지현
디자인 하현지
제작 이재승

펴낸곳 (주)위즈덤하우스　**출판등록** 2000년 5월 23일 제13-1071호
주소 (410-380) 경기도 고양시 일산동구 장항동 846번지 센트럴프라자 6층
전화 031)936-4000　**팩스** 031)903-3893　**홈페이지** www.wisdomhouse.co.kr
종이 월드페이퍼　**인쇄·제본** (주)현문

값 13,800원　ISBN 978-89-6086-608-9　13320

좋은 기분을 만드는 작은 행동들

김경원 지음

위즈덤하우스

웃는 얼굴, 자신에 찬 얼굴보다 우울하거나 화난 얼굴, 의기소침한 얼굴과 마주할 때가 많다. 행복해지고 싶다고 늘 생각하지만, 나조차 내 얼굴에서 행복을 찾을 수 없다. 누구나 행복한 삶을 꿈꾸지만, 많은 사람들이 불행을 이야기한다.

우리를 불행으로 모는 기분 나쁜 일은 일상의 소소한 일에서 비롯된다. 거꾸로 말하면, 우리를 행복하게 만드는 기분 좋은 일도 소소한 일에 불과한 것이다.

그래서 서른 중반의 나는 행과 불행을 선택의 문제라고 결론지었다. 내면에서 행복을 끌어올려 하루를 좋은 날로 보내려는 사람이 진정한 행복의 주인공임을 의심치 않기 때문이다. 행복은 멀리 있지도 않고, 거창하지도 않다. 바로 곁에 있고, 언제 어디서든 찾아낼 수 있는, '보물섬 속 허다하게 많은 보물'과 같이 사소하다. 소리 내서 깔깔 깔 웃는 것만으로, 한가로운 길을 산책하며 시원한 바람을 느끼는 것만으로, 행복했던 한때를 추억하는 것만으로 우리는 행복해질 수 있기 때문이다.

스스로를 위해서만이 아니라 타인을 위해서도 우리는 행복을 택해야 한다. 행과 불행은 마치 향수와 같아서 단 한 방울만으로 수십 명을 그 향기에 젖게 만든다. 그러니 우리는 오늘 행복을 선택하고, 좋은 기분을 만드는 행동들을 실천해야 한다.

그렇다고 불행을 외면하고 회피하라는 말은 결코 아니다. 불행을 자초한 일이 있다면 반성하고, 또 감정이 한없이 바닥을 향해 내려갈 땐 차라리 밑바닥을 칠 필요도 있다. 그러나 인생에 쉼 없이 찾아드는 불행에 대처하는 방법을 익혀두지 않으면, 불행의 감정에 자신을 구속하기 쉽다. 불행에서 빠져나오는 방법도 행복을 선택하는 방법과 다르지 않다.

그러나 입만 벌리고 있다고 해서 행복이 내 것이 되지는 않는다. 매일매일 행복하기 위해서는 좋은 기분으로 이끄는 일들에 습관을 들이는 것이 필요하다. 웃을 일이 없어도 일부러라도 웃고, 타인의 가시 같은 말을 담아두고 미워하기보다 용서하는 것이 그것이다. 부드러운 선율의 음악을 켜놓고 따뜻한 한 잔의 차를 마시는 일도, 푸른

나무가 가득한 숲속을 산책하는 일도 일상화하자. 욕조에 따뜻한 물을 받아놓고 좋아하는 아로마 오일을 풀어 넣은 뒤 몸을 담그는 일도, 사랑하는 가족, 친구, 동료를 만나서 맛있는 음식을 먹으며 신나게 수다를 떠는 일도 우리를 행복으로 몬다.

이 책은 우리를 행복으로 이끌어주는 것들에 대한 탐구서다. 소소한 일상에서 우리가 행할 수 있는 작은 일들이 얼마나 우리를 행복으로 감싸주는지를 과학적 연구 결과를 토대로 담아냈다. 행복에 대한 관심이 지금까지 수많은 연구와 서적, 통계, 기사로 나와 있었던 덕분에 책이 나올 수 있었다. '행복에 대한 자료들이 이렇게 많다니……' 새삼 놀라며 웹 검색을 했고, 서적을 뒤졌다. 다수의 의학자, 심리학자, 간호학자를 비롯해 구도자, 철학자, 작가, 정치인, 운동선수, 기업가 등의 조언도 담아냈다. 기자로서 취재했던 내용도 충실히 반영했다. 행복에 대한 수많은 관심만큼 더 많은 사람들이 행복해지기를 바란다.

또한 이 책이 나오기까지 많은 조언을 해준 위즈덤하우스의 편집자 우지현 씨와 송은심 전前팀장에게 감사드린다.

_2013년 초여름, 김경원

“인간은 행복하다는 것을 알지 못하기 때문에 불행한 것이다”

– 표도르 도스토예프스키

1_ 10초의 웃음은
4분의 조깅보다 유익하다

"왜 사냐건 웃지요." 김상용 시인의 〈남으로 창을 내겠소〉의 마지막 구절이다. 나는 대학 시절 이 시구를 입에 달고 살았다. 어린 나이에 시련부터 배워버린 내겐 이 구절이 체념으로 읽혔다. 그런데 이 시구는 체념이 아니었다. 오히려 긍정이었다. 게다가 이 시구는 행복으로 가는 길을 너무도 쉽게 알려주고 있었다.

서른 초반의 이상진(가명) 씨는 올림픽대로에서 끔찍한 교통사고를 당했다. 아내와 함께 부부동반 모임에 참석했다가 집으로 가는 길이었다. 조수석에 앉았던 아내는 119가 출동했을 때 이미 사망해 있었다. 운전을 했던 상진 씨는 가까스로 살아남아 온몸이 피투성이가 된 채 병원으로 실려갔다. 며칠 뒤 병원에서 의식을 찾은 상진 씨는 가족들을 통해 아내의 사망 사실을 듣게 됐다. 그는 할 말을 잃고 가만히 눈물을 쏟아냈다. 혼자만 살아남았다는 사실이 그를 짓눌렀다. 퇴원 후 상진 씨는 표정을 잃었다. 평소 활달하고 잘 웃던 그는 온데간데없었다. 상진 씨는 아내 없는 침대 위에서 불면에 시달렸고, 아내가 없는 식탁에선 음식을 잘 넘기지 못했다. 그는 점점 말라갔다.

한동안 힘겹게 지내던 그는 직장에 복귀한 뒤부터 예전의 모습을 되찾았다. 한 직장동료와 미친 듯이 울고 웃고 난 뒤의 변화였다. 직장동료들이 예전과 다름없이 상진 씨에게 농담을 하고 장난을 치며 그를 불행 속에서 끄집어내려 애썼던 일도 한몫을 했다. 그리고 원래 호탕하게 잘 웃던 상진 씨의 습성도 더해졌다.

독일의 철학자 프리드리히 니체는 "세상에서 가장 심하게 고통 받는 동물이 웃음을 발명했다"고 말한 바 있다. 온몸이 찢어질 듯한 고통 속에서 사람들은 울부짖기보다는 미친 듯이 웃어대곤 한다. 죽음을 코앞에 둔 사람도 절규하기보다는 자조적인 미소를 짓는다. 힘겨운 상황에서 웃음을 짓다니, 아이러니 같지만 우리 일상에서 벌어지는 일이다.

흥미롭게도 이것은 의학적으로 증명된 현상이다. 무의식적으로 고통을 극복하려는 인간의 자정능력이라 할까. 웃으면 몸과 마음이 아플 때 견딜 힘을 주는 엔도르핀, 엔케팔린 같은 '뇌신경전달물질'이 많이 분비된다. 또 행복호르몬인 도파민과 옥시토신 분비까지 증가한다. 웃음은 마약성 진통제보다 더 강력한 천연진통제인 셈이다.

그렇다면 억지로 웃는 건 어떨까? 미국 캘리포니아대학 폴 에크먼 박사는 "사람이 특정 감정표현을 흉내 내면 몸도 거기에 따른 생리적 반응을 보인다"며 억지로 웃는 것이 전혀 웃지 않는 것보다 정신과 신체 건강에 이롭다고 주장한 바 있다. 얼굴에 웃음을 짓는 표정만으로 뇌까지 속일 수 있다니, 불행에서 행복으로 건너뛰기는 결코 어려운 일이 아니다.

게다가 웃음의 효과는 실로 강력하다. 미국 메모리얼병원 연구팀이 발표한 논문에 따르면, 15초간 크게 웃는 것만으로도 수명이 이틀간 연장된다. 비웃는 습관이라도 있으면 그렇지 않은 사람보다 최소 3년 이상 더 산다고 말하는 웃음전문가들도 있다. 심장마비를 일으키더라도 잘 웃는 사람은 잘 웃지 않는 사람보다 덜 죽는다는 연구 결과도 웃음의 강력한 효과를 뒷받침한다.

이뿐만이 아니다. 호주 뉴사우스웨일즈대학 연구팀은 치매 환자를 대상으로 12주간 웃음치료를 한 뒤 그 효과를 분석했는데, 웃음치료를 받은 치매 환자의 불안 증세가 20%가량 줄었다. 불안감을 낮춰주는 약을 먹었을 때와 유사한 효과를 낸 셈이다. 또 웃음은 스트레스호르몬인 코티솔 수치를 낮춰주고, 뇌의 화학적 변화를 유도해 스트레스에 의한 인체의 나쁜 변화까지 막아준다.

배꼽을 잡고 한바탕 크게 웃고 나면 운동 효과까지 충분히 볼 수 있다. 미국 스탠포드대학 윌리엄 프라이 박사는 "20분간 웃으면 3분간 격렬하게 노를 젓는 것과 운동량이 유사하다"고 역설한 바 있다. 10초의 웃음이 4분간 조깅한 효과와 동일하다는 주장도 있다. 크게 소리를 내서 웃으면 심장박동이 빨라지고 폐활량도 늘어나서 온몸 구석구석으로 산소가 가득한 혈액이 전달되기 때문에 에너지 대사율까지 올라간다. 웃는 것만으로 다이어트까지 할 수 있는 것이다.

영국 신경과학전문가 헬렌 필처 박사는 웃을 때 소모되는 열량을 계산해, 하루 1시간씩 크게 웃으면 1년간 5kg을 뺄 수 있다고 주장한 바 있다.

또 잘 웃는 사람은 감기 같은 전염성 질환을 비롯해 암도 잘 걸리지 않는다. 많이 웃는 사람의 몸속은 병균을 막아주는 항체 '인터페론 감마'와 암 세포를 죽여주는 'NK세포'의 분비가 활발하기 때문이다. 잘 웃는 사람은 몸에 들어온 병균이나 몸 안에서 매일매일 3,000~1만 개씩 생성되는 암세포를 잘 막아낼 수 있는 것이다.

이처럼 잘 웃는 사람은 건강에 좋은 여러 효과를 저절로 보기 때문에, 건강한 데다 행복하다. 의사들이 병원에서 웃음을 처방하는 이유다. 웃음전도사들도 "언제든 웃음을 발사할 준비가 돼 있는 사람은 행복하다"고 전한다. 일부러라도 웃는 습관을 들이는 사람은 행복으로 가는 지름길에 선 셈이다.

　찬란해야 마땅한 20대, 나는 인생의 좌표를 잃고 방황하며 괴로움과 중압감에 짓눌렸던 평범한 평균의 청춘이었다. 미완의 가치관이 와르르 무너지고, 또 무너지기를 반복하는 청춘, 그래서 모든 가능성을 가졌지만 청춘들은 혼란에 시달리게 마련이다. 그 시절 나는 사소한 시련에 크게 휘둘리고, 시행착오를 반복하면서 여러 감성의 선을 넘나들었다. 그러나 그때마다 '왜 사냐건 웃지요'를 습관적으로 읊조렸다. 지금 생각해보면 자조自嘲가 아닌 자족自足의 발로發露가 아니었을까 싶다.

　세월이 흘러 지금은 서른 중반, 20대 때보다 웃을 일이 훨씬 적다. 하지만 감상적인 기분에 젖어 있으면 살아가기 더 힘들어진다는 사실을 알기 때문에 의식적으로 미소 짓고 의식적으로 웃는다. 하루에도 수십 번씩 나를 툭툭 건드리는 사소한 불행과 마주할 때뿐 아니라, 불행의 크기가 태산만큼 클 때도 웃음은 나에게 좋은 처방전이다. 친구나 직장동료와 미묘한 갈등에 신경이 곤두선 날, 일까지 여기저기 삐끗거리면 '모든 것을 그만두고 제주도에 내려가 세상만사 모두 잊고 조그만 라면집이나 열까' 하는 생각을 해보곤 한다. 세상과 동떨어져서 한가롭게 책을 읽고 글을 쓰며 맛있는 라면을 팔며 지내고 싶은 마음만이 간절하기 때문이다. 이런 날은 일찍 집에 가기도 싫어서 여기저기 떠돌다가 늦은 시간 사람 하나 없는 버스정류장에 서곤 한다. 그러면 어느새 마음이 달라진다.

쓰라린 마음에 밤하늘을 쓰게 올려다봤건만 어느새 좋은 추억과 뿌듯했던 기억들이 하나둘 떠오르기 때문이다. 평균 80세를 산다고 봤을 때 내 삶은 아직 정오에도 미치지 못했고, 인류사에서 봤을 때 지금 내게 일어난 일은 정말 아무것도 아니라는 생각에 다다르면 피식 웃음마저 난다. 거기다 라면을 팔며 한가롭게 장사하다가는 딱 굶어죽기 십상이라는 사실을 이젠 알기에, 피식피식 웃음이 난다. 그러다 보면 '별거 아니야' '다 괜찮아'라는 말이 더해지고 어느새 처졌던 몸에 기운이 돈다.

굳이 생각을 바꾸지 않더라도 주위를 둘러보면 웃을 일은 너무나도 많다. 친구가 겪은 재밌는 일화를 들었을 때, 텔레비전에서 웃긴 장면을 봤을 때, 한정판 희귀 물건을 득템했을 때, 아픈 배를 붙잡고 동동거리다 겨우 화장실을 찾아냈을 때, 심각한 분위기에서 누군가

예기치 않은 농담을 건넬 때, 이 모든 순간이 얼굴에 저절로 웃음이 번지게 한다.

그러나 한국웃음연구소의 조사에 따르면 대한민국 성인이 하루에 웃는 횟수는 15번에 불과하다고 한다. 어린이가 웃는 횟수인 400번에 비하면 조족지혈鳥足之血인 셈이다. 우리들이 억지로라도 웃어야 하는 이유도 여기에 있다.

도저히 웃을 수 없는 날에는 재미난 책을 찾아 읽거나 신나는 음악에 맞춰 춤을 추거나 텔레비전에서 방영하는 예능프로그램을 보거나 코미디 영화라도 보면서 웃자. 행복해서 웃는 게 아니라 웃어서 행복한 것이기 때문이다. 정 힘들다면 집안 가구 배치를 살짝 바꾸거나 평소 좋아하는 만화 캐릭터, 동물 등의 사진을 잘 보이는 곳에 붙여놓자. 볼 때마다 저절로 미소가 번지게 될 것이다. 또한, '의식적 웃기'라는 '마법'을 적극 활용해보자. '마법'이라지만 전혀 어렵지 않다. 축 처진 자신을 발견하는 순간, 언제 어느 때든 의식적으로 씩 웃으면 되는 것이다. 그러면 거짓말처럼 조금 행복해진 자신을 발견하게 된다.

하루하루가 스트레스고 자주 우울한데 딱히 이야기를 나눌 사람이 없다면 휴대폰을 들고 통화하는 것처럼 스스로에게 이런저런 이야기를 건네며 웃어보자. 아무것도 아닌 불행에 습관적으로 자신을 내주는 것은 옳지 않다. 어떤 순간에도 웃음을 선택해야 할 당위가 우리에게는 있다. 불행에 스스로를 자주 내주다 보면 어느새 몸도 마음도 병들게 되는 탓이다. 불행 앞에서 체념 어린 웃음이라도 지어야 하는 이유는 이런 웃음조차 우리 삶을 행복으로 이끌어주기 때문이다.

앞서 불행의 늪에 빠져 허우적거리던 청춘의 내가 읊조렸던 '왜 사냐건 웃지요'라는 시구를 소개했다. 어느 날 웹서핑을 하다가 우연히 이 시의 해석본을 보게 됐다. 그런데, 내 생각과 달리 이 시는 '자조'가 아닌 '낙천'을 노래한 시였다. 자조든 낙천이든, 중요한 것은 이 구절이 내 인생을 나도 모르게 긍정으로 몰아왔다는 것이다. 어느 순간부터 나는 이 시구를 떠올리지 않아도 웃음을 지을 수 있게 됐다.

삶에는 행과 불행이 공존한다.

그러나 별거 아닌 웃음만으로 우리는 행복에 더 가까워질 수 있다.

행복을 잡고 싶은 자, 지금 웃어라.

"왜 사냐건 웃지요", 김상용 시인의 〈남으로 창을 내겠소〉의
마지막 구절이다. 나는 대학 시절 이 시구를 입에 달고 살았다.
어린 나이에 시련부터 배워버린 내겐 이 구절이 체념으로 읽혔다.
그런데 이 시구는 체념이 아니었다. 오히려 긍정이었다.

2_감정의 가면을 벗으면
진짜 나를 만날 수 있다

감정표현에 능숙한 사람은 행복하다. 스스로의 감정을 타인과 공유할 때 좋은 감정은 증폭되고, 나쁜 감정은 반감된다. 감정을 타인에게 표현하는 과정에서 사건을 객관화해서 바라보기 때문이고, 자신의 행동이나 감정에 타인의 동조를 얻어서 심리적으로 안정되기 때문이다. 또 울거나 웃거나 화낸 뒤에는 몸의 긴장이 줄면서 혈액순환도 원활해지고, 호르몬이나 면역체계도 제대로 가동을 한다.

평소 남편과 아이들밖에 모르고 지내던 박은주(가명) 씨는 우연히 건강검진을 받던 중에 유방암 진단을 받았다. 암 진단 후 자괴감에 빠진 그녀는 우울감이 너무 심해서 잠도 거의 못 이루고 눈물로 하루

하루를 보냈다. 남편의 짜증과 아이들의 투정을 묵묵히 받아내면서 가정을 평탄히 지켜내는 것을 숙명으로 여기며 살아왔던 지난 삶이 허무하게만 느껴졌다. 사회에서 성공한 삶을 살아가는 친구들과 만나면 그저 집에만 있는 자신이 아무것도 아닌 것처럼 초라하게 느껴져서 친구들을 멀리하며 지냈던 쓸쓸한 삶도 후회됐다. 집안일을 할 의욕마저 사라진 은주 씨의 가정은 황폐해졌고, 가정이 피폐해진 만큼 그녀는 몸과 마음이 아팠다.

그러나 그녀는 수술 후 유방암 환자 자조모임에 참석하면서 서서히 달라질 수 있었다. 비록 가슴은 잃었지만, 자신과 똑같은 병을 앓는 타인과 감정을 공유하면서 일어난 변화였다. 이 모임에 참석한 환자 상당수는 은주 씨처럼 감정표현을 잘 못해서 화병을 달고 살았다. 때문에 모임에서는 전문 강사를 초빙해 감정을 적극적으로 표현하는 방법을 배웠고 이 역시 은주 씨의 회복에 큰 도움이 됐다.

이후 은주 씨는 즐거울 때는 웃고, 화를 내야 할 때는 소리를 지르고, 서운할 때는 감정을 풀어내며 가족과 적극적으로 소통하고 공감했다. 그러자 심각했던 불면증이 서서히 사라져 잠도 잘 오고, 집안일에도 조금씩 손을 댈 수 있는 상태가 됐다. 감정을 표현하는 데 용기를 얻은 은주씨는 종종 친구들을 만나 자신에게 일어난 일을 털어놓고, 울고 웃고 푸념하며 속에 것들을 쏟아내기도 했다. 수술 후 5년이 지난 현재, 은주 씨는 유방암 완치 판정을 받았다.

자신의 감정에 솔직해졌을 뿐인데, 어떻게 이런 변화가 생긴 것일까. 의학자들은 감정을 표현하지 않으면 면역체계가 흔들려서 우리 몸의 방어력이 떨어지고, 내분비계에 이상이 초래돼 호르몬 분비에도 문제가 생긴다고 말한다. 자신의 감정을 표현하고 이를 나눌 수 있는 대상이 있다는 것 자체가 생체리듬을 유지하는 필수 요소인 것이다. 좋은 감정이든 나쁜 감정이든 있는 그대로 표현하면 행복 지수가 높아지고, 마음뿐 아니라 몸도 건강해진다는 조사와 연구가 속속 발표되고 있다.

중앙일보와 심리학회가 한국인의 행복 지수에 대해 공동 조사를 한 적이 있다. 그런데, 감정표현을 잘 하는 성별, 연령대와 잘 못하는 성별, 연령대에 따라 행복 지수 차이가 컸다. 40대 한국 남성이 전체 한국인 중 행복 지수가 제일 낮았던 반면, 40대 한국 여성의 행복 지수는 전체 한국인 중 가장 높았다. 40대 한국 남성은 감정을 표현하지 않도록 사회화된 대표적 성性이자 세대로 꼽히는 반면, 40대 한국 여성은 감정표현을 가장 왕성히 하는 성이자 세대이기 때문이라고 심리학자들은 분석했다.

감정은 표현하면 해소되고, 쌓아두면 응축되는 성질이 있다. 행복하기 위해서는 좋은 감정이든 나쁜 감정이든 그 즉시 다양한 말이나 행동으로 표현하는 게 좋다. 기쁜 감정을 표현하면 기쁨이 배로 증폭된다. 반면, 좋은 감정을 습관적으로 숨기면 행복이 반으로 줄어드는 데 그치지 않고 병으로 발전하기도 한다.

웃음을 습관적으로 참는 사람은 면역체계가 불안정해져 질병에 잘 걸린다는 연구 결과가 이를 뒷받침한다. 전남대학 박인혜 교수팀이 소화불량·설사·변비 같은 소화기계 증상 여부에 따라 감정표현 정도를 점수화했더니, 소화기계 증상을 앓는 그룹은 감정표현에 미숙했고, 소화기계 증상이 없는 그룹은 감정표현에 능숙했다. 가톨릭대학 박기환 교수팀도 감정표현 정도와 신체 이상 증상의 상관관계를 조사했는데, 감정을 잘 표현하지 않는 사람일수록 신체 이상 증상을 크게 겪었다.

반대로 감정표현을 잘 하면 건강해진다. 슬플 때 큰소리를 내서 울거나 눈물을 펑펑 쏟으며 우는 사람은 그렇지 않은 사람보다 스트레스호르몬이 줄고 행복호르몬이 분비돼 불안하고 초조한 감정이 잦아들고 혈압까지 내려간다고 한다. 동맥경화증이 있는 사람 중 잘 우는 사람은 눈물을 흘리지 않고 우는 사람보다 심장마비를 일으킬 가능성이 적다는 미국 연구 결과도 있다. 자신의 감정을 표현하다 보면 타인과 공감대가 만들어져서 우울감이 줄어든다는 국내 연구도 있다.

또 서울시의 '서울 100세인 연구'에서 감정표현을 잘하는 사람은 장수한다는 사실도 확인된 바 있다. 90세 이상 장수 노인의 특성을 살펴봤더니, 평소 감정표현을 잘하는 남성이 72%, 여성이 52%로 나왔다. 감정표현을 잘하는 남성이 장수한다는 사실은 의미심장하다. 의학자들은 여성이 남성보다 수명이 긴 요인을 감정표현으로 꼽기 때문이다. 여성은 상대적으로 남성보다 수다를 많이 떨며 이를 통해 감정을 충분히 표현할 수 있는 기회가 많아서 장수한다는 것이다.

감정표현을 잘하는 사람은 학습 능력도 뛰어나다. 감정표현에 능숙한 사람은 자신의 감정을 잘 조절하고, 감정조절을 잘할수록 집중력도 높다. '정서지능'이라는 말까지 있다. 정서지능은 기억력, 계산력, 추리력 자체가 아니라 이런 능력을 제어하는 뇌의 능력이다. 아무리 지능이 높아서 기억력이 뛰어나도, 기억하려는 의지가 있을 때와 없을 때의 기억력에는 차이가 나기 마련이다. 이 때문에 정서지능이 높을수록 자신의 삶을 계획하고 성취해내는 능력이 뛰어나서 행복에 더 가까워질 수 있다고 전문가들은 말한다.

한국인은 감정표현에 익숙하지 않다. 어린 시절, 경직된 집안 분위기에서 성장해서인지 감성도 떨어지고 표현력도 약하다. '남자는 태

어나서 3번만 울어야 한다'는 말에는 모두 응축돼 있다. 나 역시 삶의 위기 속에서 겪는 불안, 분노, 우울 같은 부정적 감정을 속으로 삭이는 게 황금률이라고 배우며 자랐다. 내 행복을 외부에 표현하는 일이 잰 척하는 일이 될 수 있으니, 남의 기분을 생각해서 조용히 넘기는 게 예의라고 길들여졌다. 그러나 이제는 행복하려면 적극적으로 표현해야 한다는 사실을 몸소 깨우치고 있다. 숨기고 참는 게 미덕이 아니라, 표현해서 같이 공감하는 게 미덕이다. 그래야 나와 타인을 불행으로 끌고 들어가지 않을 수 있다.

이혼이라는 특수한 상황 앞에서도 자존심을 세우며 담담한 척 감정표현을 억제하는 사람이 적지 않다. 그러나 상대방에 대한 나쁜 감정을 이혼 과정에서 제대로 해소하지 않으면 이혼 후 적응기간이 길어지고, 재혼에도 실패할 가능성이 높다고 전문가들은 말한다. 또 이혼 가정의 아이 중에는 어른스러운 척하며 자신의 감정을 속이는 아이들이 적지 않은데, 이때 아이를 그냥 두면 아이 스스로 자신에게 문제가 있다고 여기면서 엇나갈 위험이 높다. 이혼 가정의 아이들 대부분은 부모의 이혼을 자기 탓으로 여겨서 스트레스를 받는다. 그런데 그 스트레스를 제대로 표현하는 방법을 몰라서 어른스러운 척을 하게 된다. 아이가 느끼는 죄책감이나 불안, 두려움을 자연스럽게 표출하게 해야, 아이와 부모가 오랜 시간 깊은 유대 관계를 맺으며 행복하게 지낼 수 있다.

나는 아직도 10년 전 영화 〈브리짓 존스의 일기〉에 열광한다. 다소 뻔한 소재이긴 하지만 브리짓(르네 젤위거)의 내레이션에 거의 100% 공감한 적이 있고, 한순간 웃음거리가 될지언정 솔직하게 모든 감정을 표현하는 그녀가 아름다웠기 때문이다.

지나가는 차가 물웅덩이를 세차게 내지른 까닭에 흠뻑 젖은 브리짓이 물에 빠진 생쥐 꼴로 마크 다시(콜린 퍼스)에게 뛰어가는 장면은 지금 생각해도 저절로 웃음이 난다. 흠뻑 젖은 옷을 실망스러운 얼굴로 내려다보다가도 "겉모습은 중요하지 않아. 마음이 중요하지"라고 마음을 다잡고 뛰어가는 그녀가 같은 여자로서도 얼마나 사랑스럽게 보이던지. 그래서 브리짓을 신사인 마크 다시가 사랑할 수밖에 없었는지 모른다. 순수하고 솔직하게 자신의 감정을 표현하려고 노력하는 사랑스러운 모습 때문에 말이다.

감정표현이 어렵다고 생각하는 경향이 큰데, 2012년 〈조선일보〉 '헬스섹션' 첫 호에서 커버스토리로 감정표현을 다뤄보니 생각하는 것보다 그리 어려운 일이 아니었다. 단순하게는, 일기를 쓰거나 그림을 그리는 행위도 감정표현에 속한다. 다만 전문가들은 감정표현을 좀 더 잘할 수 있는 방법으로 감정 흐름에 따라 자신이 느낀 신체반응을 기억해서 감정을 해체하고 분석해주는 과정을 거치라고 조언한다. 색깔을 활용해서 감정을 강렬하게 표현하는 것도 좋다.

또한 명상이나 치유의 메시지를 지닌 책을 읽거나 부드러운 선율의 음악을 듣는 것도 일종의 감정표현에 속한다. 콘텐츠의 감정 선에 따라 자신의 감정을 쏟아낼 수 있기 때문이다. 음악이 주는 느낌에 따라 몸을 움직이거나 영화, 음악회, 오페라, 뮤지컬 같은 문화생활을 즐기는 일도 감정을 발산하게 해준다. 친구나 연인, 부부간에 같이 하면 공감대를 형성해서 행복한 감정을 증폭시켜 준다.

더불어, 상사한테 깨져서 감정 수위가 올라가 있을 때는 조용하고 혼자 있을 수 있는 곳에 가서 소리를 확 지르거나 의지할 만한 상대와 대화를 나누자. 퇴근 후 열정적인 춤을 추거나 격렬한 운동을 하는 것도 감정 해소에 도움이 된다. 또 울고 싶을 때는 일부러 슬픈 영화를 보면서 실컷 울자. 화날 때는 강렬한 액션 영화를 보면서 영화 속 주인공의 손짓, 발짓을 최대한 따라하자. 그러면 감정이 마구 발산되면서 기분이 상쾌하고 몸도 가벼워지는 경험을 하게 될 것이다.

지금 슬픈가? 기쁜가? 노여운가?

울고, 웃고, 화낼수록 행복 지수는 올라간다.

내 행복을 외부에 표현하는 일이 잰 척하는 일이 될 수 있으니,
남의 기분을 생각해서 조용히 넘기는 게 예의라고 길들여졌다.
그러나 이제는 행복하려면 적극적으로 표현해야 한다는
사실을 몸소 깨우치고 있다. 숨기고 참는 게 미덕이 아니라,
표현해서 같이 공감하는 게 미덕이다.

3_ 남을 용서하면
마음의 방패가 생긴다

용서할 줄 아는 사람은 행복하다. 용서는 미움, 증오, 분노, 원한 같은 나쁜 감정을 버리고 동정, 공감, 이타, 사랑 같은 좋은 감정을 취하는 것이기 때문이다. 좋은 감정 상태일 때 우리는 행복해질 수밖에 없다.

일상에서 우리는 크고 작은 분란과 다툼에 휘말린다. 이럴 때마다 맞서 싸우거나 복수하려고 하면 지옥과 같은 시간이 찾아든다. 거기다 해묵은 상처에 매여 있으면 상처를 준 이에게 삶의 주도권마저 빼앗긴다. 그러나 비록 어려운 과정일지라도 하나둘 용서하면 천국 같은 시간이 찾아오고, 삶의 주도권이 다시 내게 돌아온다.

티베트의 영적 지도자 달라이 라마는 티베트가 중국의 억압을 받고 있지만 중국을 미워하기보다 용서하라고 설파한다. 인도에 망명 정부를 세우고 티베트인의 자유와 행복을 위해 살아온 구도자 달라이 라마. 그가 중국인 빅터 챈 캐나다 브리티시콜럼비아대학 교수와 함께 쓴《용서》를 압축하면, "용서하라, 그래야만 진정으로 행복해진다"는 한 문장이 나온다. 그가 이런 주장을 편 것은 티베트의 독립을 포기해서가 아니다. 중국의 통치 하에서 극심한 고통을 받고 있는 티베트인과 크고 작은 분쟁에 시달리는 전 세계인의 '행복권'을 염두에 둔 영적 메시지인 것이다.

달라이 라마는 "다른 사람이 아닌 바로 당신 자신을 위해 용서하라"고 말한다. 이 넓은 세상에서 내가 지금 한 사람을 용서한다면 우선은 나 자신이 행복해질 수 있다. 또 내가 언젠가 부지불식간에 상처 입힌 누군가로부터 진정 용서를 받을 수 있는 기회도 얻게 된다. 지구인 전체가 서로를 용서하고 관용하는 세상이 온다면, 우리 모두는 행복한 삶을 살 수 있지 않을까. 달라이 라마는 상처 입힌 사람들이 있기 때문에 그들을 용서할 행복한 기회를 얻은 것이라고 우리를 위로한다.

물론 용서는 쉬운 일이 아니다. 드글드글 끓어올라오는 미움이라는 감정을 조건 없이 다스리고 덮어두는 게 얼마나 어려운 일인가.

그러나 증오하는 마음을 지니고 사는 것 또한 얼마나 우리를 지치고 힘들게 하는지 모른다. 게다가 이런 감정은 마음뿐 아니라 몸까지 해친다.

미국의 메이요클리닉 연구팀이 용서하지 않고 증오하는 감정을 지닌 사람들의 혈압과 심장 박동수를 관찰했더니, 일반적인 사람들의 평균치보다 훨씬 올라가 있었다. 의학자들은 "미워하는 마음이 근육을 긴장하게 만들고 감정조절 능력마저 떨어뜨려서 근골격계, 신경계와 면역계, 내분비계에도 악영향을 준다"고 주장한다.

우리가 용서의 삶을 살아야 하는 이유는 우리 스스로를 위한 것이라는 증거는 또 있다. 용서의 결과는 건강에 유익할 뿐 아니라 행복까지 가져다준다. 미국 호프대학 연구팀이 타인에게 마음의 상처를 입은 사람을 대상으로 상대방을 용서하지 않은 감정 상태로 16초간 있게 하고, 이어 상대방을 용서한 감정 상태로 16초간 있게 하면서 심장 박동수와 혈압을 각각 측정했다. 그 결과, 용서하지 못한 감정일 때는 심장 박동수와 혈압이 올라갔지만, 용서하는 마음을 가졌을 때는 심장 박동수와 혈압이 떨어졌다.

또 용서하지 않으면 우리 몸에 스트레스호르몬인 코티솔이 분비돼 동맥의 내막에 흠집을 낸다고 주장하는 의학자도 있다. 이런 흠집은 아물게 마련이지만, 용서하지 못하고 장시간 분노한 상태로 있으면 코티솔에 오랜 시간 노출돼 혈관 안쪽의 막(내막)이 정상으로 돌아오지 못하고, 상처가 가속화된다. 용서하지 못한 사람들일수록 치명적인 심뇌혈관질환에 걸릴 위험이 높아지는 셈이다. 의학자들은 "용서는 일상에서 스트레스를 유발하는 각종 사건의 정신적 방어력을 높여주고, 인체의 반응도를 낮춰주기 때문에 행복을 가져다주고 건강에도 이롭다"고 설파한다. 용서하는 순간 마음이 편안해지고 근육의 긴장마저 풀어지게 되는 이유다.

국내의 연구 결과도 이를 뒷받침한다. 〈한국건강심리학회지〉에 실린 용서와 건강 사이의 관계를 탐색한 연구인데, 용서하지 못했을 때 나타나는 적대감이나 분노는 우리의 몸과 마음에 나쁜 영향을 미치는 것으로 나왔다. 반면, 용서는 이로운 영향을 미쳤다. 연구팀은 "용서와 신체 및 정신 건강을 매개하는 변인은 생체 적응성"이라며 용서하지 못할 때 나오는 분노나 적대감 같은 반응은 생체 적응성에 영향을 줘 교감신경(심장을 빨리 뛰게 하고 혈관을 좁힘)을 자극하므로 심혈관계, 내분비계, 면역계에 부적응 상태를 초래한다고 역설했다. 이어 연구팀은 "반면에 용서의 핵심 요소인 공감은 긍정적인 정서를 유발함으로써 생리 체계의 적응을 도와준다"며 "또 용서는 다양한 집단의 신체 및 정신 건강의 향상에 기여한다"고 말했다.

파울로 코엘료는 소설《오 자히르》의 한 등장인물의 입을 빌어서 "증오의 에너지는 우리를 어디로도 이끌지 못한다"고 말한다. 증오의 감옥에 갇히면 우리는 불행할 수밖에 없는 것이다. 용서의 에너지가 삶을 긍정적으로 변화시켜서 우리를 어디로든 이끌 수 있는 것과는 반대되는 이치다. 플라톤이 "행복은 끝없이 변하는 흐름 속에 잠시도 머물러 있을 수 없는 것"이라고 말했듯 말이다.

지난 1999년 유고슬라비아에서 78일간 벌어졌던 코소보 전쟁에서 미국 군인 세 명이 포로로 잡힌 적이 있다. 이 중 한 명의 포로인 크리스토퍼 소토운 씨는 감옥에서 석방됐을 때 자기를 가둬놓았던 보초를 위해 용서하고 축복하는 기도를 해주고 떠나겠다고 고집했다고 한다. 기어이 감옥 보초를 만나 기도를 해주고 집으로 돌아간 그는 함께 포로 생활을 했던 다른 두 사람보다 더 빨리 건강과 마음의 안정을 얻었고, 정상적인 삶을 되찾았다고 한다. 그는 용서를 통해 스스로를 구원한 셈이다. 용서는 타인을 위한 것이기도 하지만, 무엇보다 나를 위한 것임을 다시금 일깨워주는 이야기다.

일상에서 누군가의 불친절한 말 한 마디에 얼굴을 찡그리거나, 뜻 없는 대화에 섞인 비난 한마디에 짜증을 버럭 내거나, 발을 밟혔다는 이유만으로 도끼눈을 한 적이 한 번쯤은 있을 것이다. 이런 사소한 사건에 휘둘려서 온종일 상대를 미워하며 마음을 끓이다가, 늦은 밤 찬찬히 하루를 돌아보면서 비로소 '왜 이런 사소한 일 때문에 하루를 망쳤지' 하고 후회했던 경험이 나 역시 적지 않다. '그를 바로, 그 즉시 용서했다면, 하루를 망치지 않았을 텐데' 하는 깨달음은 항상 뒤늦게 찾아온다. 용서의 미학을 알아두면 이런 시행착오가 점점 줄어든다.

미국의 16대 대통령 에이브러햄 링컨에게는 정치적 이유로 자신을 비방하는 사람들이 많았다. 그러나 링컨은 이들을 미워하기보다 용서하기를 택했다. 그를 비방하는 데 앞장섰던 에드윈 M. 스탠턴을 국방장관으로 기용한 것만 봐도 알 수 있다.

또한 링컨은 자신이 저지른 실수에도 스스로를 혐오하기보다 용서해서 자신의 운명을 수렁에서 끌어올리려고 노력했던 인물이다. 그는 게티스버그 연설에서 강건하면서도 자신감에 찬 모습으로 청중의 마음을 울렸다. 이를 가능하게 한 힘은 어디서 나왔을까. 앤디 앤드루스는 소설《폰더씨의 위대한 하루》에서 링컨의 강점을 '용서'로 꼽았다.

지하철에서 누군가 나를 밀쳤을 때, 작은 미소로 고개를 끄덕여주자. 누구나 실수로 상대를 밀 수 있다. 회사에서 누군가에게 귀에 거슬리는 말이나 짜증 섞인 말을 들었을 때는, 뒤돌아서서 '용서한다'

고 조용히 말해보자. 특히 화법이 원래 나쁜 스타일인 타인이 별 뜻 없이 한 말이나 기분이 나쁜 상태에서 던진 말에 일희일비—喜—悲 하다 보면 내 삶이 금세 파괴된다.

용서하면 우선 자기 자신의 마음이 편해지고, 나쁜 감정 상태에서 금방 빠져나오게 된다. 누군가 나에게 큰 잘못을 저지르고 미안해서 말도 못하고 전전긍긍하고 있다면, 그를 찾아가서 '용서해줄게'라고 말해주자. 그를 죄책감에서 놓여나게 할 수 있는 데다, 미워하고 증오하는 마음에서 스스로 벗어날 수 있다. 그 누구보다 자신을 용서하자. 실수를 인정하고, 다시 과오를 저지르지 않으면 된다. 용서 받지 못할 일은 없다.

악감정을 묻어두고 속으로 삭이는 것은 용서가 아니라, 화병을 키우는 것이나 다름없다. 행복해지기 위한 용서에는 몇 가지 방법이 있다. 미국 메이요클리닉 의료진이 용서를 통해 행복을 얻기 위한 방법을 4단계로 제시한 바 있다.

우선 첫 번째는 미움이나 증오의 감정을 유발한 요인을 정확히 파악하는 단계다. 용서해야 하는 대상이 정확히 누구인지 알아야 제대로 용서할 수 있다. 두 번째 단계는 이런 악감정에서 벗어나야 할 필요성을 깨닫는 것이다. 용서하지 않았을 때, 스스로 얼마나 피폐해지는지, 건강이 얼마나 악화되는지를 알아채는 것이다. 세 번째 단계는 자신의 삶 전체에서 이런 악감정을 유발한 요인이 어떤 의미가 있는지 살펴보는 것이다. 대부분 별 일이 아니므로 용서하게 된다. 보통 이 단계에서 용서가 이뤄지게 된다. 마지막 단계는 용서를 통해 편안해진 마음을 깨닫는 것이다. 평온해진 자신의 마음을 인식할 때 평화가 찾아오고, 이런 행동이 강화되기 마련이다. 직접 대면해서 누군가를 용서하기 힘들다면, 기도와 같은 특정 행위를 통해 그를 용서하는 것도 하나의 방법이다. 미워하는 사람을 위해 기도하는 것만으로도 용서하기 한결 쉬워진다는 연구 결과가 있다. 직접 대면하지 않고, 마음속으로 용서하는 절차를 밟는 것만으로도 내 삶이 윤택해지는 셈이다.

자신과 타인을 매일 용서하자.

용서의 순간, 차가운 마음에 봄비 같은 행복이 찾아올 것이다.

지구인 전체가 서로를 용서하고 관용하는 세상이 온다면,
우리 모두는 행복한 삶을 살 수 있지 않을까.
달라이 라마는 상처 입힌 사람들이 있기 때문에
그들을 용서할 행복한 기회를 얻은 것이라고
우리를 위로한다.

4_선행이 아름다운 것은 내 자신을 구원하기 때문이다

"우리에게 최고의 행복을 안겨주는 것은 자기 자신에 대한 봉사가 아니라 다른 사람을 향한 봉사다. 우리들은 남을 위해 살 때만 자신을 위해 사는 것이다" 레프 니콜라예비치 톨스토이가 한 이 말은 최고선의 경지가 아닐까 싶다. 타인을 위한 삶이 나를 위한 삶이 되는 순간 우리는 최고의 행복을 맛볼 수 있다. 이 정도까지는 아니더라도 타인에게 기쁨을 주는 일상의 소소한 행위는 우리를 분명 행복하게 한다. 주머니 속 동전을 자선냄비에 넣을 때, 힘들어하는 누군가를 위해 캔 커피 하나를 건넬 때, 누군가를 위해 땀 흘려 일할 때, 그 누구보다 스스로의 얼굴에 먼저 웃음이 번진다.

2006년 노란 은행잎이 한창이던 가을, 가톨릭대학 의대 채정호 교수를 인터뷰한 적이 있다. 그가 행복전도사를 자처하며《행복한 선물 옵티미스트》라는 책을 펴냈을 때다. 인터뷰 당시 채정호 교수는 병원에서 환자를 돌볼 때와 의료봉사에서 진료할 때의 차이를 말하면서, 남을 위해 사는 것이 얼마나 큰 행복인지 표현한 적이 있다. 그는 "병원에서 진료를 할 때는 외래 환자가 많아서 진료시간을 초과하면 시간이 지날수록 화가 납니다. 하지만 의료봉사는 달라요. 봉사를 나가서 진료할 때는 오히려 환자 한 명이라도 더 보고 싶어서 늦게까지 남아 있으려고 애를 쓰죠"라며 의료봉사를 '천국뽕'이라고 표현한 바 있다.

채정호 교수의 말을 이해 못하는 것은 아니다. 2007년 12월 태안 기름유출사건이 터진 후, 간호사들의 자원봉사 현장을 취재하기 위해 태안 학암포에 간 적이 있다. 바람이 쌩쌩 부는 추운 겨울의 바닷가, 하루 종일 구부려 앉아서 바다에, 바위에, 모래에 스며든 기름을 제거하는 일은 분명 힘들고 고생스런 일이었다. 그러나 물때가 되서 어쩔 수 없이 작업을 마쳐야 할 때까지 누구 하나 허리를 맘껏 펴지 않았다. 그날 그들의 열성에 취해서 나는 서둘러 취재를 마치고 아무 준비 없이 기름을 닦아내는 일에 동참했고, 그들과 함께 아쉬움을 달래며 바닷가에서 나와야 했다. 서울로 돌아오는 길, 얼었던 몸이 녹으면서 기분 좋은 피로가 온몸에 파고드는 느낌을 지금도 잊을 수 없다. 그날 제대로 준비를 못한 탓에 마스크도 쓰지 않고 찬 겨울바람을 장시간 맞은 터라 다음날 감기에 걸릴 것 같아서 잔뜩 긴장한 기억이 있는데, 이상하게도 감기바이러스에 취약한 내가 그때는 감기도 앓지 않고 지나갔다.

그런데, 거기에는 의학적 이유가 있었다. 바로 '테레사 효과'라는 것이다. 테레사 효과는 직접 선행을 하거나 누군가 선행을 하는 것을 바라보기만 해도 우리 몸의 면역력이 올라가는 현상을 말한다. 실제 가톨릭대학 의대 김태규 교수팀이 한 무리의 학생들을 자원봉사를 한 그룹과 자원봉사를 하지 않은 그룹으로 나눠서 침 속에 존재하는 방어물질 중 하나인 면역글로불린 수치를 측정했다. 연구 결과, 자원봉사를 한 그룹이 자원봉사를 하지 않은 그룹보다 면역글로불린이 40~50% 더 많았다. 아마도 그날은 내 몸의 방어력이 높아져서 감기바이러스가 쉽게 몸 안에 침투하지 못했던 것 같다.

"봉사하는 삶이 자신을 위한 삶"이라는 톨스토이의 말이 의학적으로도 입증된 것은 이뿐만이 아니다. 미국 미시간대학 사라 콘레스 박사팀이 평균 연령이 65세인 사람들 1만 명을 대상으로 봉사하는 삶을 사는지 여부를 조사한 다음 4년 뒤 이들의 사망률을 분석했다. 봉사한 그룹의 사망률은 1.6%였으나, 봉사를 하지 않은 그룹은 4.3%의 사망률을 보였다. 봉사와 같은 선한 행위가 사망 위험을 크게 떨어뜨리는 셈이다.

남을 돕고 난 뒤에는 기분이 절로 좋아지고, 스트레스도 줄어든다. 이런 현상을 나타내는 의학 용어도 나와 있다. 바로 남을 돕고 난 뒤 며칠 혹은 몇 주간 심리적 포만감이 찾아든다는 '헬퍼스 하이helper's high'가 그것이다. 의학자들은 헬퍼스 하이로 인해서 심리적으로 안정이 되며, 암세포가 줄어들고, 혈압과 콜레스테롤 수치가 떨어지며, 행복호르몬인 엔도르핀 분비는 증가되는 효과를 볼 수 있다고 말한다. 열심히 봉사를 하면 엔도르핀보다 4,000배 효과가 높은 다이돌핀 호르몬이 나와서 행복감이 크게 올라갈 수 있다. 이 호르몬은 주로 감동받았을 때 나오는데, 봉사 뒤 뿌듯하고 뭉클한 마음이 들 때 샘솟는다.

봉사는 뇌의 노화도 막아준다. 미국 워싱턴대학 미쉘 칼손 박사팀이 55세 이상 은퇴자 2,000여 명을 대상으로 저소득층 아이를 가르치는 경험 봉사를 하게 한 뒤, 뇌 MRI(자기공명영상)를 찍어봤더니 뇌가 기존보다 훨씬 활성화돼 있었다. 캐나다 몬트리올대학 연구팀도 어려운 사람들을 위해 봉사할 때 뇌의 7곳이 활성화된다고 밝힌 바 있다.

뇌가 활성화되면 도파민과 엔도르핀 같은 뇌신경전달물질이 다량 분비되기 때문에, 기억력이나 계산력, 사고력 같은 인지기능이 강화돼 치매 위험마저 크게 떨어진다. 미국 캘리포니아대학 연구팀이 봉사활동과 같은 사회활동을 하는 노인과 그렇지 않은 노인으로 나눠서 인지기능을 조사했더니, 사회활동을 하는 노인이 그렇지 않은 노인보다 인지기능 점수가 24% 더 높았다.

이뿐 아니다. 봉사는 자신을 조절할 수 있는 능력도 키워준다. 미국 하버드대학 연구팀이 1달러를 실험 참가자 전체에게 나눠주고 기부하거나 그냥 가지게 하도록 선택하게 한 뒤, 2.3kg의 물건을 얼마나 오래 들 수 있는지 측정했다. 그 결과, 1달러를 기부한 그룹이 1달러를 소유한 그룹보다 약 10초 더 물건을 오래 들었다. 인내심이 높아지면, 자기 조절력이 길러지게 되는 셈이다. 알코올중독자 모임에서 알코올중독자가 다른 알코올중독자를 도와줄 때, 다른 사람을 돕지 않는 알코올중독자보다 중독에서 쉽게 벗어난다는 연구 결과도 있다.

사람마다 상대를 판단할 때 눈여겨보는 곳이 다른데, 나는 사람의 얼굴 표정으로 그 사람을 파악한다. 취재차 병원에 갈 때, 가끔 인터뷰이를 기다리면서 이런저런 사람들의 표정을 유심히 살펴보곤 한다. 그때마다 느끼지만 병원에서 가장 표정이 밝은 사람은 자원봉사자다. 병원에서 친절을 제일 우선으로 하는 안내센터 직원보다 더 자

연스런 미소가 그들에게 늘 자리 잡고 있다.

또 여러 곳에서 보도자료를 받아 살펴볼 때, 가장 표정이 살아있는 자료 사진은 역시 무료로 환자의 병을 고쳐주거나 봉사를 하는, 이타를 실천하는 사람들의 사진이다. 순수하게 누군가를 돕는 존재는 자체 발광하기 마련이다. 스스로 행복을 만들어내는 사람은 내부에서 빛을 쏟아내기 때문이다. 조로아스터가 "남에게 선행을 하는 것은 의무가 아니라 기쁨이며, 그것이 그렇게 하는 사람의 건강과 행복을 증진시킨다"고 말했듯 말이다. 또한, 이타를 실천할 때 스스로의 가치도 저절로 올라가게 된다.

봉사를 하면 행복호르몬인 엔도르핀이 나와서 행복을 느끼게 되는데, 심지어 자발적으로 봉사를 하지 않고 억지로 봉사를 한 사람도 똑같은 효과를 본다고 한다. 미국 오리건대학 연구팀이 봉사를 자발적으로 한 그룹과 강제로 한 그룹으로 나눠서 뇌를 MRI로 찍어봤더니, 자발적으로 봉사를 한 그룹뿐 아니라 강제로 봉사를 한 그룹 역시 행복한 감정과 연결된 뇌 부위가 활성화됐다.

규칙적으로 봉사활동을 하는 것은 쉬운 일이 아니기 때문에 선행을 남의 일로만 여기는 사람이 많다. 나 하나 먹고살기도 바쁘다며 봉사를 뒷전으로 여기는 사람도 태반이다. 하지만 일상에서 이타를 실천할 수 있는 일은 생각보다 훨씬 많다. 혼잡한 대중교통에서 노약

자에게 자리를 양보하는 일, 악플로 가득한 곳에 선플을 다는 일, 무거운 물건을 같이 들어주는 일, 뒷사람을 위해 닫히려는 문을 잡아주는 일 같은 작은 선행도 우리에게 뿌듯한 행복감을 느끼게 한다.

물론 무엇보다 좋은 것은 직접 봉사활동을 하는 것이다. 시간을 내서 1주일에 8시간 이상 봉사활동을 하는 사람 10명 중 9명 이상이 헬퍼스 하이를 경험한다는 조사 결과가 있다. 시간이 나지 않을 때는 돈을 기부하는 것도 방법이다. 경제적 이타 행위도 우리를 행복하게 하기 때문이다. 2011년 서울대학 행복연구센터가 국내 20대, 40대, 60대의 행복도와 한 달간의 소비 성향을 설문으로 조사했더니 확실히 기부를 한 사람이 기부를 하지 않는 사람보다 행복했다.

시간이나 돈이 없는 사람은 마음으로 이타 행위를 실천하는 것도 방법이다. 타인을 위한 선한 마음만으로도 우리는 행복해질 수 있기 때문이다. 미국 오하이오주립대학 브래드 부시먼 교수팀이 대학생 53명을 두 그룹으로 나눠서 크게 화날 상황을 준 다음, 한 그룹은 암 환자의 이야기가 담긴 기사를 보여주고 이 환자를 위해 기도를 하는 시간을 갖게 하고, 다른 그룹은 아무것도 하지 않게 했다. 그리고 화날 상황이 있기 전과 후의 감정 상태 변화를 설문으로 조사했는데, 타인을 위해 시간을 보낸 그룹이 아무것도 하지 않은 그룹보다 분노와 공격성 같은 부정적 감정이 줄었다. 누군가를 진심으로 걱정하고 잘 되기를 기원하는 것도 분명 선행이다.

돈과 시간이 충분한 은퇴자라면 돈을 기부하는 것도 좋지만, 시간을 쓰는 봉사활동으로 행복감을 더 높일 수 있다. 은퇴를 하면 사회적으로 위축되면서 우울해지기 쉬운데, 이때 누군가를 직접 돕는 행위는 대인관계를 맺을 수 있는 기회를 높이고, 자신의 존재 가치를 높이는 데도 이롭기 때문이다.

음악가나 미술가 같은 전문 분야에 종사하는 사람은 자신이 가진 재능을 기부하는 것도 좋다. 자신의 전문성에 대한 자부심은 커지고, 후학을 양성하고 뛰어난 인재를 발굴하는 뜻 깊은 일을 하기 때문에 보람을 느끼지 않을 수 없을 터다. 요즘 봉사 행위는 지역사회나 사회복지재단에서 연계를 많이 하고 있어서, 봉사를 하고자 하는 마음만 있다면 언제 어디서든 쉽게 실천할 수 있다.

어려움에 처한 타인을 돕는 행위는 스스로를 돕는 행위다. 우리는 누군가를 도울 때 자신의 존재 가치를 발견하고, 그로 인해 행복해한다. 누군가 어려움에 처해 있다면 작은 손이라도 내밀어보는 것은 어떨까.

누군가를 구원하는 일은 스스로를 구원하는 일이다.

누군가를 행복하게 하는 일이 나를 행복하게 하는 일이듯 말이다.

"병원에서 진료를 할 때는 외래 환자가 많아서 진료시간을
초과하면 시간이 지날수록 화가 납니다.
하지만 의료봉사는 달라요. 봉사를 나가서 진료할 때는
오히려 환자 한 명이라도 더 보고 싶어서 늦게까지
남아 있으려고 애를 쓰죠"

5_ 마음의 먼지를 쓸어내는 하루 30분 요가

요가는 소우주인 인간과 대우주인 자연이 교감을 하고 조화를 이루며 합일을 이루는 심신단련법의 하나다. 요가를 하면서 자세를 바르게 하고 호흡을 가다듬다 보면, 우리는 어느새 지구의 자전축을 우리 앞에 꽂으려는 노력을 그만두고 본래의 자리에 돌려놓게 된다. 주관화하던 일을 객관화하다 보면 모든 문제의 크기는 줄어들게 마련이다. 고민의 크기가 줄어들면 긴장이 풀리면서 잔뜩 웅크려졌던 몸과 마음까지 풀린다. 우리가 요가를 할 때 행복에 더 가까이 다가서는 까닭이다.

완벽한 비율의 신체와 얼굴을 갖춘 크리스티 털링턴이 모델로서 세계 정상에 우뚝 섰다가 돌연 요가전문가가 된 이유도 여기에 있다. 크리스티 털링턴은 저서《행복한 사람으로 사는 법》에서 화려한 모델 생활을 접고 소박한 삶을 선택한 이유로 '요가 수련에서 얻은 마음의 에너지'를 꼽는다. 14살에 모델로 데뷔한 그녀는 18살 무렵, 균형 있고 탄탄한 몸매를 만들기 위해 요가를 시작했다. 그리고 요가를 배우면 배울수록 그 매력에 빠졌다고 한다.

슈퍼모델 활동을 접고 26살의 나이에 요가를 본격적으로 시작한 그녀는 자신의 내면과 점차 가까워지면서 세계적인 슈퍼모델로 활약할 때보다 더 행복한 자신과 만났다고 이야기한다. 크리스티 털링턴의 책을 읽다 보면 요가가 심신수련에 참 좋다는 생각이 든다. 요가가 우리를 행복으로 이끌고 심신을 단련해서 몸과 마음을 강화시킨다는 의학 연구들도 이런 생각을 더 단단하게 하는 데 한몫을 한다.

요가를 할 때 우리가 행복해지는 이유 중 하나는, 뇌의 신경전달물질인 GABA의 분비가 늘기 때문이다. 미국 보스턴대학 크리스 스트리터 교수는 이를 실험하기 위해 일주일에 3시간씩 12주간 한 그룹은 요가를, 나머지 한 그룹은 걷기를 시켰다. 그 후 참여한 사람들에게 행복 관련 설문을 실시하고 이들의 뇌를 MRA(자기공명혈관영상)로 촬영해서 GABA 수치를 측정했다. GABA 수치가 떨어질수록 우울증이나 불안장애 같은 정신건강질환에 취약해진다. 12주 뒤 결과는 요가 그룹이 걷기 그룹보다 행복감이 더 올라갔고, GABA 수치도 더 높았다.

미국 오하이오주립대학 매리애나 클랫 교수팀 역시 요가의 효과를 연구했다. 이들은 6주간 하루 20분씩 요가를 하고 일주일에 한 번 단체 명상을 하게 한 직장인 그룹과 아무것도 하지 않은 직장인 그룹의 스트레스와 수면, 피로와 같이 행복에 관련된 설문을 했다. 그 결과, 요가와 명상을 동시에 한 그룹은 아무것도 안 한 그룹과 비교해서 스트레스가 줄었고, 수면의 질이 개선됐으며, 피로를 덜 느꼈다.

게다가 요가는 우울증에도 탁월한 효과를 낸다. 유방암 환자는 우울증에 특히 취약하기 마련인데, 요가를 하면 우울증 때문에 힘들어할 위험이 절반으로 줄어든다는 연구 결과가 있다. 미국 웨이크포레스트대학 수잔 댄하우어 교수팀이 유방암으로 치료 중이거나 치료를 했던 환자를 10주간 요가강습을 한 그룹과 요가강습 대기자 명단에 올라가기만 한 그룹으로 나눠서 우울증 경과를 조사했는데, 요가강습을 한 그룹의 우울증 발병이 반으로 줄었다. 요가가 우리의 마음을 다독여줘서 스트레스를 줄이고 숙면을 취하게 해서 우울증으로 번지지 않도록 도와준 셈이다.

요가는 우리의 마음 건강뿐 아니라 몸 건강에도 이점이 크다. 오랫동안 요가를 하면 고혈압, 당뇨병, 심뇌혈관질환, 관절염 같은 만성질환을 유발하는 염증 수치가 떨어진다고 한다. 미국 오하이오주립대학 연구진이 요가를 한 지 2년이 안 된 그룹과 2년이 넘은 그룹에 일부러 스트레스를 주고 만성질환을 유발하는 염증(인터루킨-6) 수치의 변화를 살폈더니, 2년 이상 요가를 한 그룹이 2년이 안 되게 요가를 한 그룹보다 염증 수치가 훨씬 적었다. 또, 요가를 하면 온갖 성인병의 단초가 되는 대사증후군의 위험까지 낮아진다. 인도의 한 의대 연구팀이 대사증후군을 앓는 100여 명을 대상으로, 한 그룹은 3개월간 요가를 시키고, 나머지 그룹은 대사증후군 치료를 받게 한 다음 허리둘레, 혈압, 혈당, 중성지방과 콜레스테롤 수치의 변화를 살폈다. 연구 결과, 요가를 한 그룹이 대사증후군 치료를 받은 그룹보다 허리둘레가 더 많이 줄었고, 혈압과 혈당, 중성지방 수치가 더 떨어졌다. 몸에 좋은 콜레스테롤인 HDL 콜레스테롤도 요가를 한 그룹에서 더 많이 늘었다. 매일 요가를 하면 심장을 뛰게 하는 발전기에 고장이 생길 위험도 줄어든다는 인도 루르키공과대학 연구도 있다.

더불어, 요가는 질병 치유에도 도움이 된다. 미국 뉴욕대학 조나단 필드 교수팀이 천식을 앓는 20~65세를 대상으로 일주일에 2시간 30분씩 요가를 한 그룹과 요가를 하지 않은 그룹으로 나눠서 증상 변화를 관찰했는데, 요가를 한 그룹은 요가를 하지 않은 그룹과 달리 천식 증상이 줄었다. 요가는 통증 개선에도 효과적이다. 미국 오레곤건강과학대학 제임스 카슨 교수팀이 섬유근육통 때문에 고생하는 사람을 요가와 함께 치료를 한 그룹과 섬유근육통 치료만 한 그룹으로 나눠서 통증 완화 정도를 비교했더니, 치료와 함께 요가를 병행한 그룹에게 통증 개선 효과가 더 컸다. 또, 요가가 유방암 환자들의 우울증 발병율을 낮췄듯이 오랫동안 통증에 시달리면 따라오는 우울감도 없애준다고 한다. 실제 미국 웨스트버지니아대학 킴벌리 윌리엄스 박사팀이 만성 허리 통증이 있는 사람에게 일주일에 2번씩 24주간 요가를 하게 했더니, 허리 통증과 우울감이 동시에 줄어드는 효과를 봤다.

이뿐 아니다. 요가는 균형 감각을 키워서 넘어지거나 침대에서 떨어질 위험도 줄여준다. 노년층에게 평소 간단한 요가를 하게 했더니 낙상할 위험이 줄었다는 미국 연구 결과가 있다.

요가는 임신부와 아기 건강에도 좋다. 미국 캔자스시티대학 린다 메이 박사팀이 하루 30분씩 3주간 요가를 한 임신부와 운동을 전혀 하지 않은 임신부를 대상으로 출산 후 임신부와 아기의 건강 상태를 비교했다. 이 연구 결과, 요가를 한 임신부가 출산 후 더 건강한 모습을 보였고, 요가를 한 엄마의 아이가 그렇지 않은 엄마의 아이보다 더 건강했다.

또한, 요가는 다이어트에도 효과적이어서 아름다운 몸매를 만드는

데 도움이 된다고 한다. 미국 버몬트대학 제니퍼 오튼 교수팀이 하루 평균 3시간 넘게 텔레비전을 보는 사람을 두 그룹으로 나눠서 한 그룹에만 텔레비전 보는 시간의 절반을 요가 같은 간단한 신체활동을 하게 했다. 3주 뒤 이 두 그룹의 에너지 소모량을 비교한 결과, 텔레비전 시청 시간의 절반을 요가를 하며 보낸 그룹은 평소처럼 텔레비전을 본 그룹에 비해 하루 평균 120cal를 더 소비했다.

요가는 다양한 동작을 취하며 깊은 호흡을 쉬어야 하므로 칼로리 소모가 크고, 바른 자세를 취하게 해서 몸에 균형을 잡아주면서 아름다운 몸매를 가꿀 수 있게 돕는 것이다. 물론 다른 운동들도 칼로리 소모를 요하지만, 특별히 요가는 심신에 안정감을 주면서 자제력을 길러주기 때문에 다른 운동보다 더 다이어트에 효과적이라는 미국 프레드허친슨 암연구센터의 연구 결과도 있다.

더불어, 요가는 성적인 만족감도 올려준다. 캐나다 브리티시컬럼비아대학과 미국 사우스캘리포니아의대 공동 연구팀이 성적으로 만족하지 못하는 여성에게 요가를 하게 했더니, 대부분 성적 만족도가 올라갔다. 또 조루 증상이 있는 남성에게 하루 한 시간씩 요가를 하게 했더니, 약물 치료를 했을 때와 유사한 효과를 봤다는 인도 연구 결과도 있다.

주변에서 요가를 제대로 하는 사람을 꼽자면 대여섯 명에 불과하지만, 이들 모두 요가를 자신의 삶에서 제일 잘한 일 중 하나로 꼽는다. 특히 사진기자로 일한 지 10년이 훌쩍 넘은 한 선배는 10㎏이 넘는 사진장비를 들고 다니다가 척추가 약간 휘고 이래저래 스트레스가 심해서 요가를 시작했는데, 늘 "요가를 할 때면 몸과 마음이 가뿐해진다"고 말한다. 요즘도 힘들 때면 어김없이 요가학원을 찾는 선배는 가끔 힘든 일이 있다고 털어놓을 때면 "같이 요가학원 다녀보지 않을래?"라며 요가 전도에 나선다. 정적인 요가보다 동적인 걷기를 선호하는 나로서는 "북한산 둘레길이나 걸을까요?"라며 다른 제안을 해보지만, 요가가 우리를 행복으로 이끈다는 데는 이견이 없다.

요가로 행복 효과를 배가하려면 무엇보다 무리한 동작은 취하지 않는 게 좋다. 요가지도자들은 "요가를 할 때 너무 과한 자세를 취하면, 몸에 부담이 가서 호흡이 거칠어지고 명상에도 빠지기 어렵다"며 "개인의 신체 능력에 맞는 요가 자세를 취해야지, 남들이 한다고 성급하게 '뱁새가 황새 좇아가는' 요가 동작을 하다가는 몸도 마음도 엉망진창이 된다"고 조언한다. 욕심을 내서 과한 요가 자세를 습관적으로 취하면 관절염이나 척추질환이 생길 위험이 올라간다.

가족이나 친구에게 요가를 전도하려는 사람이 있다면 이런 점을 고려해서 가르쳐야 한다. 반달자세도 버거운 사람에게 독수리자세 같은 고난이도 자세를 취하게 해서는 안 되는 것이다. 더불어 유연성이 부족해 요가에 미숙한 초보자에게 "넌 이것도 못하니"라는 말은 절대 금지다. 과거 30분 내내 이 말을 듣던 누군가는 바로 '선택과 집중'이라는 어구를 떠올리며 요가를 기피하게 됐으니 말이다. '못하는 일은 피하고, 잘 하는 일을 더 열심히 하자'는 지혜는 나이가 들수록 실천도 빨라진다.

더구나 요가는 본래 특별한 자세를 취하지 않고 단전호흡만 계속해도 긍정적인 효과를 볼 수 있는 운동이다. 성균관대학 의대 홍경표 교수팀이 단전호흡을 10년 가까이 한 사람과 그렇지 않은 일반인을 대상으로 심장에 혈액을 들여보내는 대정맥의 지름 변화를 분석해 봤다. 그랬더니 오랫동안 단전호흡을 한 사람이 일반인보다 대정맥의 수축력이 뛰어났다. 대정맥의 수축력이 뛰어나면 혈액순환이 원활해진다. 혈액순환은 우리의 몸과 마음에 영향을 미치지 않는 데가 없을 정도로 중요하다. 요가를 할 때 호흡만 제대로 해도 행복해질 수밖에 없는 것이다.

게다가, 5,000년 이상의 역사를 자랑하는 요가는 다양한 자세와 방법이 연구된 상태라 각자의 선호도에 맞는 요가를 선택할 수 있다.

정통요가인 하타요가, 음악에 맞춰 춤을 추듯 하는 빈야사요가, 고난이도 동작이 많은 아쉬탕가요가, 명상요가인 라자요가, 유연성과 근력운동을 결합한 필라테스, 쉴 새 없이 웃는 웃음요가, 뜨거운 인도 환경에 맞춘 핫요가 등등 셀 수 없을 만큼 다양한 요가법이 있다.

요가를 배우기도 쉽기 때문에 건강 상태가 나쁜 암 환자를 비롯해 남녀노소 누구나 즐길 수 있다. 인터넷 검색 엔진에 '요가'라고 치기만 하면 요가를 전문적으로 배울 수 있는 수많은 곳이 뜨고, 한국요가협회, 한국요가연합회를 비롯해 다양한 매체에서 쉬운 요가부터 고난이도 요가까지 다양한 방법을 알려준다. 또 요가 방법을 알려주는 다양한 비디오와 서적도 나와 있어 바쁜 직장인들도 집에서 쉽게 요가를 접할 수 있도록 해준다.

간단한 요가 동작으로 몸과 마음과 자연이 하나가 되게 해보자.

행복이 스멀스멀 마음속으로 밀려들 것이다.

<u>슈퍼모델 활동을 접고 26살의 나이에 요가를 본격적으로 시작한 그녀는 자신의 내면과 점차 가까워지면서 세계적인 슈퍼모델로 활약할 때보다 더 행복한 자신과 만났다고 이야기한다. 크리스티 털링턴의 책을 읽다 보면 요가가 심신수련에 참 좋다는 생각이 든다.</u>

6_ 운동이 있는 곳에 자유가 있다

"깊은 감동은 아름다우나, 그보다 운동이 더 좋다." 볼프 비어만의 말에 아직 동의할 정도까지는 아니지만, 나 역시 운동을 좋아한다. 이는 행복의 조건이 건강이고, 건강을 보장하는 가장 확실한 방법이 운동이기 때문만은 아니다. 표면적인 이유 외에도 운동이 우리를 행복으로 이끄는 이유가 수없이 많기 때문이다.

우선 운동은 확실히 우리 몸을 건강하게 만들어 삶에 활기를 더해준다. 1년에 50여 편의 논문을 쓰고 3,000~4,000여 건의 심혈관중재술을 해낸다는 전남대병원 순환기내과 정명호 교수. 2007년 1월 전남대병원에서 만난 그는 지천명을 바라보는 나이였지만 그 어떤 젊은이보다 활기에 가득 차 있었다. 1년 365일을 빠짐없이 하루에 단 3시간씩만 자면서 연구, 진료, 시술, 강의에 파묻혀 산다는 그. 이런 살인적인 일정을 소화해낼 수 있는 비결을 물었더니, 그는 초록색 시술복 바지에 감춰져 있던 하얀색 운동화를 내밀며 종아리의 탄탄한 근육까지 살짝 드러냈다. 정명호 교수는 "따로 운동할 시간을 낼 수 없으니 짬짬이 운동을 하는 게 습관이 됐어요. 병원 내부에서 이동할 때나 연구실에 들를 때, 강의를 하러 갈 때 늘 빠르게 걷는 운동을 하고 있죠"라며 건강한 웃음을 지어 보였다. 정 교수는 그가 좇는 이상을 현실로 만들기 위한 방편으로 운동을 지목했다. 보통 평균의 젊은이에게 넘치는 활기가, 정명호 교수에게서 느껴졌다.

유산소 운동이든, 무산소 운동이든 규칙적으로 운동하면, 운동할 때 많이 쓰는 근육이 커지고 힘도 같이 강화된다. 더불어 근육 속에 더 많은 에너지를 비축할 수 있어서 같은 강도의 일을 할 때도 쉽게 지치지 않는다. 특이한 일은 이런 운동이 우리의 유전자까지 바꿔서 우리를 행복으로 안내한다는 사실이다. 이는 연구로도 입증돼 있다.

스웨덴 카롤린스카연구소에서 건강한 성인 남녀에게 20분간 헬스기구를 이용해서 운동을 하게 한 뒤, 근육 세포의 유전자 변화를 관찰하는 연구를 진행했다. 연구 결과, 근육 세포의 유전자가 운동 전보다 강화돼 근육의 힘이 세지고 지구력이 향상되는 방향으로 바뀌었다. 운동을 통해 신체를 단련하면 신체의 저항력이 커지고 스트레스에도 보다 유연하게 대처할 수 있게 된다. 운동한 뒤 우리가 삶 속에서 활기를 계속 유지할 수 있는 것은 근육 세포의 유전적 변화도 단단히 한몫을 하는 셈이다.

또한 운동을 하면 우리 몸에서 엔도르핀과 같은 행복호르몬이 생성돼 우리를 행복한 감정 상태로 만들어준다. 미국 버몬트대학 제레미 시볼드 교수팀이 18~25세 남녀 48명을 반으로 나눠 한 그룹에게만 20분간 실내자전거를 타게 했다. 그리고 운동 직후와 운동 후 1시간, 2시간, 4시간, 8시간, 12시간, 24시간마다 참가자들의 기분을 조사했는데, 운동을 한 그룹의 기분 좋은 상태가 그렇지 않은 그룹보다 무려 12시간 이상 지속됐다.

게다가 운동은 불행에 대처하는 능력과 감각까지 키워준다. 면역 기능이 강화되고 체력이 강해지면 외부의 강한 자극도 간단히 넘길 수 있는 신체 잠재력이 커지기 때문이다. 몸 안에 바이러스가 들어와도 간단히 물리칠 수 있고 과도한 스트레스를 받을 때 나타나는 우울, 불안, 초조 같은 감정에 대한 저항력까지 생기게 된다. 또 운동을 오래 지속하면 신체 각 부위의 상태와 움직임에 대한 감각이 생기고, 이러한 감각을 바탕으로 몸의 컨디션을 섬세히 느낄 수 있는 신체 의식까지 발달한다. 자신의 컨디션에 조금만 이상이 생겨도 바로 느낄 수 있게 되기 때문에, 몸이 망가지기 전에 컨디션의 정상 회복을 위해 스스로 조치를 취할 수 있는 시간을 벌 수 있는 셈이다.

아마 적지 않은 사람들이 고민하고 있던 문제에 대한 해답을 걷거나 뛰던 중에 발견한 경험이 있을 것이다. 여기에는 나름 원리가 있다. 운동을 하면 혈액을 통해서 뇌에 산소와 영양분이 더 많이 공급되어 뇌의 신경회로가 강화되는 것이다. 신경회로가 강화되면 뇌 여기저기에 흩어져 있던 정보가 이합집산을 거듭하면서 잠재된 뇌의 능력이 무한히 발휘된다. 이는 실제 연구로도 살펴볼 수 있다. 미국에서 학교 수업을 시작하기 전 운동을 한 그룹과 하지 않은 그룹으로 나눠서 학습능력 강화 정도를 연구했다. 그랬더니 운동을 한 그룹의 학습능력이 눈에 띄게 향상돼 있었다.

미국 피츠버그대학 커크 에릭슨 교수팀은 평소 운동을 하지 않던 노인들에게 1년간 매주 3회 걷기 운동을 하도록 했다. 그 후 뇌 MRI(자기공명영상)를 찍고, 피검사로 뇌유래신경성장인자의 농도를 측정해 운동을 시작하기 전과 비교해봤다. 그러자 뇌의 기억중추인 해마가 걷기 운동을 하기 전에 비해 2% 커졌고, 뇌유래신경성장인자의 혈중 농도도 걷기 운동 전에 비해 올라갔다. 나이가 들수록 뇌의 용적이 자연스럽게 줄고 성장인자도 적어지게 마련인데, 운동을 하면 뇌의 노화까지 억제되는 것이다.

게다가 땀을 흘리는 격렬한 운동이 아닌 가벼운 운동만으로도 보약만큼 강력한 효과를 맛볼 수 있다. 중년층 4,000여 명에게 매주 2시간 30분가량 가볍게 걷는 운동을 하게 했더니, 심혈관질환을 초래하는 염증 수치가 크게 떨어졌다는 영국 런던대학 연구 결과가 있다. 또, 미국 메모리얼슬론케터링암센터 넬슨 산체스 박사팀이 중년층 1,000여 명에게 대장내시경을 실시하고 평소 운동시간을 조사한 결과, 일주일에 최소 1시간 이상 가벼운 운동을 하는 그룹은 대장용종 발생률이 25%로, 일주일에 1시간 미만 운동하는 그룹(33%)보다 낮았다. 대장암으로 진행할 위험이 높은 용종인 선종의 발생률도 일주일에 최소 1시간 이상 운동하는 그룹은 14%로, 일주일에 1시간 미만 운동하는 그룹(19%)보다 떨어졌다.

운동을 하면 실제 암 발병 위험도 낮아진다. 미국 노스캐롤라이나대학 로렌 맥컬러프 박사팀이 유방암 환자와 건강한 여성 3,000여 명을 대상으로 운동 시간과 유방암 발병률의 상관관계를 조사했다. 그 결과, 일주일에 9~10시간 운동했을 때 유방암 발생 위험이 30%까지 줄었다.

운동은 수명도 늘리는 효과를 낸다. 세계보건기구(WHO)에 따르면, 매주 2시간 30분가량 걷기와 같은 가벼운 운동을 하면 사망 위험이 10%가량 떨어진다. 같은 시간 동안 더 강한 강도의 운동을 하면 사망 위험이 20% 이상 떨어진다.

　강북삼성병원은 계단 2칸을 오를 때마다 0.5Kcal가 소모돼 건강하게 사는 기간이 8초씩 늘어난다는 사실을 가시적으로 알려주는 건강 다이어트 계단을 만들었다. '-13.5 Kcal 건강수명 +216초'라고 쓰인 계단을 한 칸 건너면 '-14.0 Kcal 건강수명 +224초'가 쓰인 계단에 서게 된다. 이 병원을 찾은 많은 사람들이 계단을 오를 때마다 "기분이 좋다" "행복하다"고 말한다. 행복이 그리 멀리 있지 않은 것처럼, 운동도 일상에서 언제 어디서든 쉽게 할 수 있다는 것을 알려주는 행복 계단인 셈이다.

　운동을 통해 일상에서 행복을 얻는 방법은 정말 쉽다. 우선 출퇴근할 때 자가용 대신 대중교통을 이용하면 꽤 많이 걷게 된다. 엘리베이터를 타는 대신 계단을 걸어 올라가면 이 역시 적지 않은 운동이 된다. 에너지도 절약하고 덤으로 행복도 챙길 수 있다. 공원에서 연인과 자전거를 타거나 한강에서 오리배를 즐기는 것도 마찬가지다. 가족이나 친구들과 물가에서 재미있게 물놀이를 하거나 카누나 바나나보트를 타는 놀이도 우리에게 추억은 물론, 행복을 선사한다.

아무 준비 없이 가볍게 걷거나 뛰고, 손에 잡히는 물건을 천천히 위아래로, 좌우로 움직이는 일도 우리를 행복으로 이끌어준다. 아무것도 아닌 것처럼 보이는 이런 일들이 대표적인 유산소 운동과 무산소 운동인 까닭이다. 특히 시원한 바람에 나뭇가지가 나부끼는 날, 운동화를 신고 천천히 바람을 느끼며 달릴 때의 황홀함이란……. 행복에 이르는 일이 이렇게나 쉬운 것인지 감탄하게 만들어줄 것이다.

꼭 운동으로 행복을 찾아야 하는 나이가 있다. 앞에 3자가 붙는 나이부터다. 30대에 들어서면 체력이 엄청난 속도로 떨어지는 것을 느끼게 된다. 우리 몸의 근육이 이때부터 본격적으로 줄어들기 때문이다. 의학자들은 "적어도 30대부터는 운동을 통해 떨어지는 근력을 보충해줘야 한다"며 "체력이 떨어지면 우리의 몸도 마음도 약해져서 불행과 친해지기 쉬워진다"고 조언한다.

몸을 움직이는 것에 익숙하지 않은 사람들이 행복하게 운동을 지속하는 방법이 있다. 운동을 시작할 때는 우선 걷기부터 해보는 것이다. 걸은 다음에야 뛸 수 있다는 말처럼, 처음부터 과한 운동을 하게 되면 운동을 스트레스로 받아들이기 쉽다. 처음 운동할 때는 3개월가량 일주일에 2~3회씩 걷기 운동을 한다. 이 운동이 익숙해지면 이보다 강도가 조금 높은 운동을 하면 된다. 이때 자신이 평소 관심을 갖던 운동을 선택하면 앞으로 꾸준히 운동할 확률도 올라간다. 달리

기, 요가, 수영, 피트니스, 댄스, 자전거, 줄넘기, 배드민턴, 인라인, 등
산, 테니스, 골프, 암벽 등반, 사격, 펜싱, 태권도, 검도, 승마 등등 수
십, 수백 가지의 운동 중 자신에게 맞는 운동을 택해보자.

더불어 과한 운동은 피하는 것이 좋다. 하루 1시간 이상 운동을 해
서 다음날 피로를 가중하는 것은 오히려 우리를 불행으로 모는 짓이
다. "몸은 약간 피곤하지만 마음은 오히려 상쾌하고 기분이 좋은 정
도가 딱 적당한 운동"이라고 운동전문가들은 늘 말한다. 누적된 스트
레스를 해소하고 에너지를 재충전할 정도로 운동해야 몸과 마음이
건강해지고 우리 스스로 행복감을 느끼게 되기 때문이다.

혼자 운동하다가 여러 번 그만둔 경험이 있다면, 반려동물이나 친
구, 직장동료와 함께 운동을 시작해보자. 동호회 활동을 통해 여러
사람과 함께 어울려 운동하는 것도 효과적이다. 또한, 운동을 할 때
평소 좋아하는 음악을 들으면 뇌에서도 운동을 즐거운 일로 받아들
이기 쉽다.

매일매일 운동으로 행복을 재충전해보자.

건강한 신체에 덤으로 건강한 마음까지 고스란히 챙길 수 있다.

유산소 운동이든, 무산소 운동이든 규칙적으로 운동하면,
운동할 때 많이 쓰는 근육이 커지고 힘도 같이 강화된다.
특이한 일은 이런 운동이 우리의 유전자까지 바꿔서
우리를 행복으로 안내한다는 사실이다.

7_ 망망대해에 꺼지지 않는 등대, 가족

해질 무렵 귀갓길. 멀리서 문득 집을 바라봤을 때 불이 밝혀져 있으면 우리는 안도감과 함께 행복감을 느낀다. 집 안에서 흘러나오는 불빛에는 가족의 온기가 담겨져 있기 때문이다. 무엇 하나 특별할 것 없어도 서로에게 귀한 존재가 되는 것이 가족이다. 멀리서 그 온기를 확인하는 것만으로 우리는 가슴이 뭉클하고 행복하다.

가족은 누구나 귀한 존재다. 불행의 나락으로 나를 밀어넣는 가족조차 말이다. 그런데 소중한 것에 대해서는 늘 깨달음이 늦게 따라온다. 영화 〈과속스캔들〉의 기막힌 3대처럼 말이다. 어느 날 졸지에 20대 미혼모 딸 재인(박보영)과 6살 꼬맹이 손자 기동(왕석현)에게 가택

침입을 당한 30대 현수(차태현). 그에게 딸과 손자는 행복한 삶을 송두리째 흔드는 천재지변天災地變일 뿐이다. 한물간 가수로 인기를 잃어봤기에, 한 번 더 삐끗하면 연예인 생명까지 끝나리라는 방송 생리를 빠듯하게 아는 현수. 그는 딸과 손자 때문에 전전긍긍하며 이들의 존재를 숨기기 바쁘고 늘 그들과 티격태격하기 일쑤다. 그러던 어느 날 갈등의 끝에 두 사람이 눈앞에서 사라져버리자 어느덧 마음이 텅 비어 버린다.

이들만 없어지면 다시 예전으로 되돌아갈 수 있다던 마음은 이들을 딸이고 손자라고 부지불식간에 받아들인 다음부터 달라져 버렸기 때문이다. 없을 때는 몰랐지만 한 번 잃어버린 뒤에는 그 존재의 소중함을 절실히 깨닫게 된다. 현수는 자신의 라디오 공개 생방송 무대에서 기동을 잃은 채 정신없이 "아이를 찾아달라"고 울부짖는 딸을 처음에는 외면하지만, 결국 모든 것을 잃을 각오를 하고 딸과 함께 손자를 찾아 뛰쳐나간다. 이 순간의 진한 가족애는 극에서 그들을 해피엔딩으로 몬다. 서로를 소중하게 생각하고 가치 있게 여기는 가족이 옆에 존재한다는 것만으로 우리는 행복해질 당위가 있기 때문이다.

행복을 구성하는 요소 중에 가족이 빠지는 법은 거의 없다. 호주 멜버른대학 브루스 헤디 교수팀이 25년간 6만여 명에게 자신의 행복에 가장 큰 영향을 미친 요인들을 조사했더니, 다섯 손가락 안에 가족이 꼽혔다. 실제로 가족이 우리를 행복하게 만드는 이유는 손가락으로는 꼽을 수도 없이 많다. 우선 가족 구성원들은 서로를 맹목적으로 사랑해서 항상 잘 되길 응원하고 늘 관심을 갖는다. 서로를 아끼고 사랑하는 마음은 통하게 마련이라서, 이런 긍정적 정서가 우리를 알게 모르게 행복으로 이끈다. 이외에도 가족이 우리를 행복하게 해준다는 연구 결과는 수없이 많다.

어린 시절을 가족과 함께 행복하게 보낸 사람은 평생을 행복하게 산다고 한다. 호주 디킨대학과 머독어린이연구소 공동 연구팀이 32년간에 걸쳐 조사한 연구에 따르면 어릴 때 가족과 행복한 시절을 보낸 사람이 나이가 들어서도 행복한 감정을 잘 유지하며 자신이 꾸린 가족과도 행복하게 사는 것으로 확인됐다. 또한, 어머니에게 세심한 보살핌을 받은 어린이는 그렇지 못한 아이보다 일생동안 면역력이 강하게 유지된다. 어머니와 유대 관계가 좋은 아이의 몸에서는 염증을 유발하는 단백질 수치가 적어진다는 연구 결과도 있다.

가족은 존재 그 자체만으로 우리를 행복하게 한다. 미국 베일러의과대학 레인 박사팀이 사진으로 아기의 웃는 얼굴을 보여주며 아기 엄마의 뇌를 fMRI(기능성자기공명영상)로 찍었더니, 엄마의 뇌 속에서 행복호르몬인 도파민이 샘솟았다. 웃는 아기의 존재만으로 엄마는 행복해지는 셈이다. 또, 미국 카네기멜론대학 로들레시아 스니드 교수팀이 성인 800여 명을 특정 바이러스에 노출시킨 뒤 5~6일간 격리하고 감염질환이 생겼는지 조사했다. 그 결과, 자녀가 있는 성인은 자녀가 없는 성인에 비해 감염질환에 걸리는 비율이 52% 낮았다. 이는 자녀와 같이 사는지 여부와 상관없이 자녀가 있는 것만으로도 효과가 있었다. 형제자매가 있으면 비만 위험도 낮다. 스웨덴 고텐부르크대학 연구팀이 유럽 8개국 어린이 1만 2,700여 명을 조사했더니, 형제자매가 없는 아이들은 형제자매가 있는 아이들에 비해 50%가량 과체중이었다.

더 행복하고 싶다면, 간단한 방법이 있다. 가족과 함께 보내는 시간을 더 늘리면 된다. 영국 랭커스터대학 캐롤린 가트렐 교수팀이 일하는 아빠 1,100명에게 설문조사를 했더니, 아내와 비슷하게 집안일을 하고 자녀와 시간을 보내는 아빠일수록 스트레스에 잘 대처했다. 또, 아빠가 자녀의 양육에 많이 참여할수록 아이의 인지능력이 고르게 향상되고 심리적 안정감이 높으며 적극적인 삶의 방식을 익히게 된다는 유럽 연구 결과도 있다. 거기다, 아빠의 양육 영향을 많이 받은 아이일수록 성적이 뛰어나고 행동장애 가능성이 적으며 위기 능력에 잘 대처하고, 커서도 스트레스를 덜 받고 삶의 만족도가 높다는 사실이 연구를 통해 입증돼 있다. 실제로 호주의 한 경영컨설턴트회

사에서 중장년 성인 8,500여 명에게 행복과 관련된 요인을 설문조
사했더니, 가족과 함께 보내는 시간이 가장 행복하다고 답한 성인이
2명 중 1명꼴이었다.

가족이 함께 식사만 해도 자녀의 이상 건강 증세를 개선할 수 있다.
미국 일리노이대학 바바라 파이에스 교수팀이 천식을 앓는 9~12세
어린이 63명에게 6주간 항상 가족과 식사를 같이 하게 했더니, 폐 기
능이 향상됐다. 일주일에 세 번 이상 가족이 함께 식사를 하는 아이
들은 비만이 될 위험이 떨어진다는 연구 결과도 있다. 몸에 안 좋은
음식을 덜 먹게 되고, 늦은 밤 식사를 하는 잘못된 식습관 행태도 줄
기 때문이다.

상식적으로 우리를 덜 행복하게 하리라 여겨지는 일도 가족 사이
에서는 긍정적으로 작용한다. 대표적인 것이 아내의 잔소리다. 결혼
한 남성은 아내의 잔소리 덕분에 독신남성보다 의사의 진찰을 더 자
주 받았고, 일주일에 한 번이라도 더 운동을 하는 것으로 조사됐다.

'내게 가장 소중한 것은 무엇인가'를 두고 가치의 잣대를 여기저기
들이밀던 20대 중반의 어느 하루, 나는 '내게 남은 인생이 단 하루라

면'이라는 대전제를 놓고 고심해본 적이 있다. 그동한 소중한 것으로 여겨졌던 것들이 하나둘 갈무리되고, 그 끝에 가족이 남아 있었다.

부모님이 내게 주신 최고의 선물도 곰곰 생각해보니, 두 명의 언니를 이 세상에 있게 해준 것이었다. 내 남은 인생 동안 작은 일이든 큰일이든 서로 의지하며 살아갈 두 명의 언니가 있다는 것이 마냥 든든해서 그 순간 '나는 참 행복한 사람이구나' 하는 생각을 했었다.

가족에 대한 행복론에는 '더하기 빼기 철학'이 있는 듯하다. 가족의 수에 마이너스를 하면 불행해지지만, 플러스를 하면 행복해진다. 가족 누군가가 죽을 때 우리는 슬픔에 빠지고, 새 생명이 태어났을 때 환희에 찬다.

내 나이 서른에 아버지를 잃었을 때는 한동안 아무 의욕도 없이 멍한 상태였다. 꼬박꼬박 출퇴근하고 일도 하고 밥도 먹고 잠도 자는 평온한 모습이었으나, 나는 늘 허방을 딛는 기분이었다. 반면, 두 언니가 50여 일 차이로 결혼하면서 두 명의 형부가 생기고 조카까지 태어난 후에는 길을 걷다가도 가끔 실실 웃는다.

온 가족이 모였을 때 '형부' 하고 부르면 두 명의 형부가 동시에 대답을 했던 기억이, 새근새근 자는 조카의 빵빵한 볼을 손가락으로 눌렀을 때의 따뜻한 느낌이, 입꼬리를 저절로 올라가게 만들기 때문이다. 출산율이 바닥을 치고 1인 1가구가 늘어나는 요즘, 우리나라에

자살률이 높아지고 불행하다고 느끼는 사람이 많은 이유를 가족의 더하기 빼기 철학에서 찾아본다.

물론 행복한 가족을 만들기 위해서는 가족 구성원마다 노력해야 할 것이 있다. 우선 부모는 '부모의 복사판'인 아이들이 좋은 습관을 들이고 건강하게 자랄 수 있게 스스로 모범이 돼야 한다. 잔소리를 하거나 야단을 치기보다, 내 자녀가 됐음직한 모습을 본을 보이면 아이들은 좋은 습관을 더 잘 체득한다고 한다. 아동 전문가들은 "시도 때도 없이 소파에 늘어져 텔레비전을 보면서 인스턴트식품을 즐기는 부모의 자녀는 부모의 판박이가 될 확률이 높다"며 "반면, 틈틈이 독서하고 규칙적으로 운동하며 늘 건강에 좋은 식사를 챙기는 모습을 부모가 보여주면 아이도 어느새 그런 삶을 살게 된다"고 말한다.

밖에서 겪은 불행을 집 안까지 끌고 들어가지 않는 것도 행복한 가정을 유지하는 방법이다. 매일 집 앞에 서서 자신의 마음을 추스른 다음, 즐거운 마음으로 초인종을 누르자. 밝게 집 안에 들어서서 인사를 하면 어느새 고민의 크기나 스트레스의 강도가 줄게 된다. 반면, 불행을 집 안으로 끌고 들어가면 다른 가족들에게 불행을 던져줄 뿐 아니라, 스스로도 나쁜 감정에 휩싸여 헤어나오지 못한다. 가족 불화는 작은 불씨에서 시작된다는 사실을 명심하자.

본디 한 핏줄로 엮여 나온 가족이지만 노력을 기울여야 더 돈독한 사이를 유지할 수 있다. 가족끼리 어색하다 여기지 말고 시시때때로 서로 칭찬하고 껴안아주는 습관을 들이자. 말을 할 때도 되도록 긍정문 형태로 말하고, 잘못한 일이 있어도 야단을 치거나 비난하기보다 좋은 방향으로 고쳐나가도록 길을 제시해보자. 운동화를 꺾어 신는 아이에게 "왜 운동화를 꺾어 신니"라고 확인사살하기보다, 본심의 메시지 "온전히 신발 안에 발을 넣어야 넘어지지 않고, 걸음걸이도 반듯해서 더 아름답게 보인다"라고 표현하자. 말로 잘 깨닫지 못하는 아이라면, 가장 효과적인 표현법이 무엇인지 연구하는 태도도 필요하다. 메시지를 정확히 전달하지 못하면 말하지 아니한 것만 못하다.

또 가족 한 사람에게 대여섯 가지 역할을 몰아주기보다 두세 가지씩 서로 일을 분담하면, 행복의 지름길로 들어서기 쉽다. 가족 모두가 일할 때 함께 일하고 쉴 때 함께 쉬면, 같이 무언가를 할 시간도 늘고 가족 내에서 해야 할 각자의 일 때문에 소속감이 커진다. 아내가 식사를 준비할 때 남편은 방청소를 하고, 분리수거를 분담하는 식이다. 3대가 같이 산다면 부모님에게는 화초에 물을 주거나 아이를 돌봐주는 일을, 아이에게는 장난감과 신발을 정리하고 식탁에 수저를 놓는 일을 하도록 역할을 주자. 자녀를 양육할 때도 부부가 서로 역할을 분담하는 게 좋은데, 아이가 잠자리에 들기 전 책을 읽어줄 때 아내는《백설공주》같은 권선징악을 다룬 책을 읽어주고, 남편은《톰

소여의 모험》 같은 꿈과 모험을 다룬 이야기를 들려주는 것이다. 이런 행동들은 가족 모두를 친밀하게 만들고 긍정적 정서를 키우는 데도 효과적이어서 행복을 극대화시킨다.

당신에게 가족이 있다면 당신은 혼자가 아니다.

가족 누군가가 당신의 이름을 불러주는 것만으로 당신은 '꽃'이 될 수 있다.

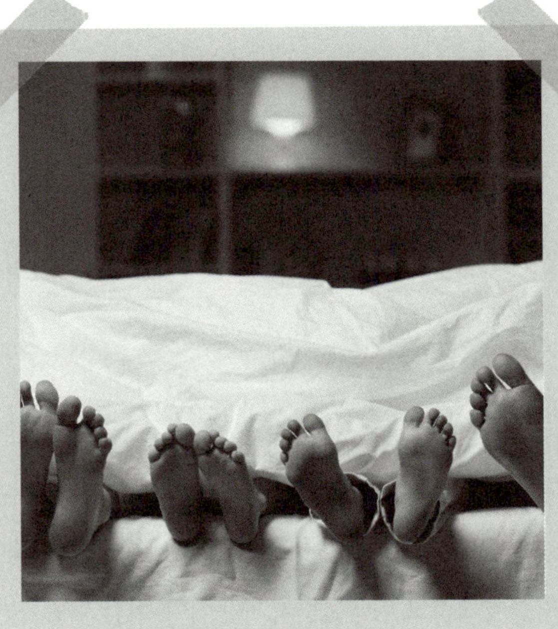

'내게 가장 소중한 것은 무엇인가'를 두고 가치의 잣대를
여기저기 들이밀던 20대 중반의 어느 하루, 나는 '내게 남은
인생이 단 하루라면'이라는 대전제를 놓고 고심해본 적이 있다.
그동안 소중한 것으로 여겨졌던 것들이 하나둘 갈무리되고,
그 끝에 가족이 남아 있었다.

8_ 밤잠이 부족한 도시인을 위해
신은 낮잠을 선물했다

낮잠을 혹자는 '꿀잠'이라고 하고, 혹자는 '피로회복제'라고 한다. 오후에 잠깐 눈을 붙이는 것만으로 기분이 좋아지고 삶에 활력이 더해져서, 우리를 행복으로 이끌어주기 때문이다. 이탈리아, 스페인, 브라질 같은 지중해 연안과 라틴아메리카 지역 사람들은 낙천적이고 열정적인데, 수면의학자들은 그 까닭을 낮잠인 시에스타를 즐기는 문화에서 찾기도 한다. 상당히 신빙성이 있지 않은가.

마감 때문에 늦은 밤까지 야근을 한 다음날은 확실히 전날 밤 줄어든 수면시간 탓에 컨디션이 바닥을 친다. 이런 날은 후배 여기자들도 피로가 그득한 얼굴로 점심시간을 애타게 기다린다. 밥보다 잠이 고

파서 점심시간이 되면 여자휴게실로 올라가 잠깐 눈을 붙이다 오는 그녀들은, 오후 시간이 되면 평소의 짱짱한 활력을 되찾아서 공적이든 사적이든 나름의 바쁜 스케줄을 소화해낸다. 그러나, 잠깐의 낮잠이 우리를 행복으로 이끄는 까닭은 활력만이 아닌 듯하다. 이미 여러 연구를 통해 낮잠의 다양한 효능이 밝혀져 있다.

습관적으로 낮잠을 자는 사람은 기억력이 좋아져서, 성적 향상이나 치매 예방까지 기대해볼 수 있다고 한다. 하루 45분간 낮잠을 자면 기억력이 개선된다는 연구 결과가 이를 증빙한다. 또한, 미국 캘리포니아대학 매튜 워커 교수팀이 사람 얼굴과 이름을 맞추는 기억력 테스트를 하고 낮잠을 잔 그룹(20명)과 낮잠을 자지 않은 그룹(19명)으로 나눠 같은 날 오후 기억력 테스트를 한 번 더 했더니, 낮잠을 잔 그룹이 낮잠을 자지 않은 그룹보다 기억력 테스트 성적이 10% 높았다.

이스라엘 하이파대학 아비 카르니 박사팀도 손가락 놀이의 순서를 정해서 가르친 후 낮잠을 잔 그룹과 낮잠을 자지 않은 그룹으로 나눠서 손가락 놀이 수행 능력을 비교했는데, 낮잠을 잔 그룹이 낮잠을 자기 않은 그룹보다 손가락 놀이를 순서대로 잘해냈다. 이런 결과는 다음날 다시 손가락 놀이를 했을 때도 유효했다. 잠깐의 낮잠을 통해 단기 기억이 장기 기억으로 저장되는 효과를 톡톡히 보았기 때문이다.

또한, 전날 충분히 취하지 못한 잠을 낮잠으로 보충해주면 스트레스가 줄고 혈압이 떨어지며 비만이 예방되는 여러 효과를 볼 수 있어서, 각종 질병의 발병 위험도 준다고 한다. 실제 미국 앨러게이니대학 라이언 브린들 박사팀이 낮잠을 60분간 자게 한 그룹과 낮잠을 자지 않은 그룹으로 나눠서 낮잠이 스트레스와 혈압에 미치는 영향을 알아봤다. 연구 결과, 낮잠을 잔 그룹은 낮잠을 자지 않은 그룹보다 스트레스가 빨리 해소되고 혈압과 심장박동수가 크게 떨어져서 심장병 발병 위험이 떨어졌다.

또, 잠을 충분히 자지 못해서 낮에 자주 조는 사람은 그렇지 않은 사람보다 심혈관질환에 걸릴 위험이 60% 높고, 뇌졸중 위험도 4배 높다는 미국 콜롬비아대학 버니댓 알발라 박사팀의 연구 결과가 있다. 잠이 부족하면 비만과 당뇨병도 잘 생긴다.

스웨덴 움살라대학 크리스티안 베네딕트 교수가 하루 동안 평소와 같이 자게 한 그룹과 아예 잠을 못 자게 한 그룹으로 나눠서 아침이 됐을 때 에너지 소비량을 측정했더니, 잠을 평소처럼 잔 그룹과 달리 잠을 못 잔 그룹은 아침에 식사하기 전 측정한 혈당이 올라가 있었다. 잠을 제대로 못 잔 탓에 몸 안에서 에너지인 '당'을 제대로 쓰지 못해서 당이 혈액에 남아도는 상태가 되면서 비만과 함께 당뇨병 위험이 높아지는 셈이다. 베네딕트 교수는 "하룻밤을 제대로 못 잔 사람은 에너지 소모율이 평소보다 5~20% 줄었다"고 말했다.

또 미국 수면전문가협회(APSS)는 12명의 성인에게 여러 음식 사진을 보여주면서 기억력 테스트라고 속이고, 어떤 음식 사진을 주로 기억하는지 조사했다. 그러자 잠이 부족한 사람일수록 몸에 좋지 않은 정크 푸드 사진을 기억하는 비율이 높았다. 잠이 부족할수록 잘못된 것을 통제하는 뇌 영역이 제 기능을 못해서, 비만과 당뇨병을 유발할 수 있는 음식을 선호하게 만드는 것이다. 이 문제들은 낮잠을 통해 상당 부분 해소할 수 있다.

낮잠은 우리의 몸뿐 아니라 마음도 건강하게 만든다. 수면 부족은 우울증과 같은 정신 질환이나 흡연, 음주 등의 나쁜 행동을 초래하는데 이를 낮잠이 줄여줄 수 있다고 의학자들은 말한다. 미국 펜실베이니아주립대학 연구팀이 4~5세 어린이의 수면 패턴을 확인한 뒤 낮잠을 자는 그룹과 낮잠을 자지 않는 그룹의 차이를 분석했다. 연구 결과, 규칙적으로 낮잠을 자는 그룹이 낮잠을 자지 않은 그룹보다 과잉행동이 덜 했고 우울감도 낮았다.

이외에도, 낮잠이 우리를 행복으로 이끄는 이유는 수없이 많다. 우선 낮잠은 교통사고의 위험을 크게 줄여준다. 잠을 못 자면 술에 취한 것 이상으로 운동능력도 떨어지고 주의집중력도 떨어진다는 것은 이미 널리 알려진 사실이다. 게다가 잠을 충분히 자지 못하면 색을 구분하는 능력이 떨어진다는 미국 휴스턴대학 바빈 세스 교수팀의 연구 결과도 있는데, 운전 중 신호등 색을 제대로 구분하지 못하면 사고를 낼 위험이 높아지는 것은 물론이다.

잠이 부족한 사람은 판단력이 떨어져서 자신의 일도 남에게 책임을 지우는 경향이 있다고 한다. 미국 아칸소대학 데이비드 마스틴 교수는 수면 부족이 판단력에 어떤 영향을 미치는지 살펴봤는데, 잠이 부족한 사람은 책임을 남에게 전가하려는 데다 잘못된 결과에 대해서 타인을 응징하려는 태도마저 나타났다. 잠이 부족하면 인간관계가 엉망이 될 조짐이 다분한 셈이다. 낮잠으로 잠을 조금만 보충해주면 이런 온갖 위해에서 벗어날 수 있으니, 낮잠이 사람을 낙천적이고 열정적으로 이끈다는 수면의학자들의 분석을 긍정하고도 남는다.

수필집 《인연因緣》에서 피천득 선생은 '괴로운 인생에게 보내온 아름다운 선물'을 잠이라고 표현한 바 있다. 듣기 싫은 이야기를 남이 늘어놓으면 눈을 감고 있다가 이내 자버리는 친구를 부러운 듯 소개하는 구절이다. 남은 실컷 들으라고 이야기를 하는데 눈을 감고 잠까지

자는 벗의 두둑한 배짱은 우리 사회에서 비정상으로 비춰질 수 있다. 혹자는 이를 부러워하는 피천득 선생까지 사회부적응자로 몰아칠 수도 있다. 그러나 잔소리를 자장가 삼아 오수를 즐긴 피 선생의 벗이 잠이 깬 뒤 단 몇 분 만에 잔소리의 구실이 된 일을 눈썹 까닥하지 않고 해결해냈다면 어떨까.

타인의 잔소리에 머리 아파하기보다 잠깐의 낮잠으로 뇌가 정상적인 판단을 내릴 수 있도록 돕는 것이 우리를 행복으로 이끌 수 있다는, 자칫 비정상적 생각이 오히려 정상은 아닌지 모르겠다. 아무리 복잡다단한 일이라도 30분 정도 눈을 붙이고 난 뒤에는 보다 단순명료해져 있다는 데서 피천득 선생도 답을 찾은 것은 아닌지, 곰곰이 생각해보게 된다.

낮잠이 뇌를 정상 가동시켜서 헝클어져 있던 정보를 한곳으로 모아주면 어떤 일이든 문제점을 정확히 찾아낼 수 있다. 문제점이 정확히 무엇인지 알아내면 해결책은 의외로 쉽다. 이쯤이면 많은 사람들이 스트레스를 잠으로 푸는 이유를 이해 못할 바가 아니다.

그런가 하면 낮잠의 효능을 더 높여주는 행복 수면법은 따로 있다. 불규칙적으로 생각날 때만 낮잠을 자기보다는 규칙적으로 낮잠을 자는 것이 정상 수면 패턴을 유지하게 만들어 더 좋은 효과를 보인다. 또 낮잠을 자기 적당한 시간대는 취침 시간과 다소 떨어진 오후

1~3시가 최적이라고 한다. "낮잠을 자는 시간은 총 1시간을 넘기지 않는 게 유익하다"고 의학자들은 말한다. 일정 시간 낮잠을 자고 일어난 뒤에도 졸릴 때는 더 자기보다 커피를 한 잔 마시는 것이 좋다. 정상 수면 패턴을 유지하는 것이 전체 수면에 더 유익하기 때문이다. 그러므로 카페인의 각성 효과로 정신을 차리고 밤에 다시 원래 수면 패턴대로 자자.

또 잠깐 낮잠을 자더라도 숙면을 취할 수 있게 쿠션, 수면양말, 조용한 음악과 같이 수면에 도움을 주는 개인적 취향의 준비물을 챙기는 게 좋다. 더불어, 자는 곳에서 전자파를 최대한 차단하면 숙면에 도움이 된다고 한다. 스웨덴 카롤린스카연구소와 미국 웨인주립대학 공동 연구팀이 낮잠을 잘 때 전자파에 노출된 사람과 전자파에 노출되지 않은 사람을 비교해서 숙면 정도의 차이를 살펴봤다. 연구 결과, 전자파에 노출된 사람이 전자파에 노출되지 않은 사람에 비해 깊은 잠에 빠져드는 데 오래 걸렸고 숙면을 취하는 시간도 짧았다. 낮잠을 잘 때 되도록 전자기기가 없는 곳에서 자고, 전자기기를 피할 수 없다면 지금 당장 불필요한 전기 콘센트는 빼놓고 자야 하는 이유다. 또한, 휴대전화도 되도록 먼 곳에 두는 것이 좋다. 불가피한 상황이라면 휴대폰 안테나를 자는 반대 방향으로 돌려놓는 것도 숙면에 도움이 된다.

　낮잠을 잘 때 침대를 선택해서 구비할 수 있다면 고정침대보다 그물침대를 선택하자. 스위스 제네바대학 소피 슈바르츠 교수팀이 낮잠을 자는 곳의 특성과 숙면의 상관관계를 연구한 결과, 고정침대에서 낮잠을 자는 사람보다 그물침대에서 낮잠을 자는 사람이 숙면 상태에 빨리 도달했고 수면의 질도 높았다.

　이쯤에서 짚어볼 것이, 모든 사람에게 낮잠이 도움이 되는 것이냐는 사실이다. 수면의학자들은 여기에 고개를 젓는다. 극심한 스트레스로 불면증이 생겼거나 여행 뒤 시차 적응이 필요한 특수한 상황일 때는 오히려 낮잠이 역효과를 낼 수 있다는 것이다. 수면의학자들은 "불면증이나 여행 뒤 졸린다는 이유로 낮잠을 자면 오히려 밤에 깊은 잠을 못 이루게 만드는 효과를 낼 수 있다"며 "이런 경우에는 오히려 낮잠을 피하고 밤에 조금 일찍 잠자리에 드는 것이 좋다"고 말한다.

　잠을 자지 못해 멍한 상태라면 당신은 지금 불행할 수밖에 없다.

　10분만 투자하면, 현실에 단단히 두 발을 디딘 행복이 당신에게 굴러든다.

수필집《인연 因緣》에서 피천득 선생은 '괴로운 인생에게
보내온 아름다운 선물'을 잠이라고 표현한 바 있다.
듣기 싫은 이야기를 남이 늘어놓으면 눈을 감고 있다가
이내 자버리는 친구를 부러운 듯 소개하는 구절이다.

9_ 인생의 반려자는 부부,
일상의 반려자는 친구

"일생을 행복하게 보낼 수 있는 가장 위대한 지혜는 우정이다"라는 에피쿠로스의 말을 부정하는 사람이 있을까. 기쁨을 나누고 슬픔을 나눠가지며 멀리서라도 늘 서로를 응원하는 그 또는 그녀의 다른 이름, 친구. 친구가 있을 때 우리의 삶은 풍요롭고 아름다워진다. 이유 없이 우울해질 때 친구에게 전화를 걸어 수다를 떠는 것만으로 평온을 되찾는 이는 분명 행복한 사람이다.

2011년 개봉한 영화 〈써니〉는 에피쿠로스의 말을 증명하고도 남는다. 뿔뿔이 흩어져 소식조차 모르고 살던 일곱 친구 나미(유호정/심은경), 춘하(진희경/강소라), 수지(윤정/민효린), 장미(고수희/김민영), 진희(홍진희/박진주), 금옥(이연경/남보라), 복희(김선경/김보미). 한 아이의 엄마로 살아가던 나미는 우연히 엄마가 입원한 병원에서 2개월 시한부 인생을 살고 있는 춘하를 만나게 되고, 춘하의 소원을 이뤄주기 위해 써니의 멤버 5명을 찾아 나선다. 화려한 시절 모두가 주인공이었던 친구들은 이제 각자의 삶에 찌들어 있다. 보험설계사 장미, 바람 난 남편을 둔 진희, 집안일에 치여서 꼼짝달싹도 못하는 금옥이, 한때 미스코리아를 꿈꿨지만 알코올중독자가 된 술집 작부 복희.

바쁘다는 이유로, 떳떳하지 못하다는 이유로 죽음을 앞둔 친구 앞에 나서지 못했던 친구들. 결국 춘하는 살아서 모든 친구들을 만나지는 못한다. 그러나 그녀의 장례식에 이유 불문하고 하나둘 나타난 친구들. 춘하의 영정을 앞에 두고 보니엠의 '써니'에 맞춰 춤을 추는 다섯 친구 앞에 끝내 찾지 못한 수지까지 모습을 드러내는 엔딩은 우리에게 우정의 소중함, 간절함을 일깨운다.

친구는 존재만으로 우리를 행복하게 한다. 미국 하버드대학과 캘리포니아대학 공동 연구팀이 30여 년에 걸쳐 21~70세 5,124명에게 친밀한 사람과의 거리에 따른 행복감을 조사했다. 연구 결과, 좋아하는 친구가 반경 1.6㎞ 내에 사는 사람은 행복감을 느낄 가능성이 25%나 올라갔다. 또 중요한 일을 앞뒀거나 고민에 휩싸였을 때 상의할 친구가 다섯 명 이상인 사람은 스스로를 행복한 사람이라고 여긴다는 조사도 있다.

또한 어린 시절 친구와 돈독한 우정을 쌓은 사람은 평생 행복하게 살 가능성도 올라간다고 한다. 호주 디킨대학과 머독어린이연구소 공동 연구팀이 32년간에 걸쳐 관계와 행복에 대해 조사했는데, 어릴 때 친구들과 행복한 시절을 보낸 사람은 나이가 들어서도 행복하게 살 가능성이 훨씬 높았다. 또 영국 그린위치대학 연구팀이 직장에서 은퇴한 52~78세 279명에게 행복에 영향을 주는 요인을 알아봤더니, 친구가 가까이 있고 자주 만날수록 확실히 행복한 것으로 조사됐다.

그래서 친한 친구는 수명도 더 길게 늘려준다. 호주 뉴사우스웨일즈대학 로빈 리치몬드 교수팀이 100세 이상 노인 188명의 장수 비결을 분석했더니, 친구와 가깝게 지내는 것이 장수에 상당히 긍정적 영향을 미쳤다. 또, 친구와 관계가 좋은 사람은 그렇지 않은 사람보다 건강 상태가 3배 좋다는 미국 시카고대학의 연구 결과가 있다.

친구는 질병 예후에도 긍정적 영향을 미친다. 미국 예일대학 연구팀은 친한 친구가 있을 때 심장병 발병 이후 입원율과 사망률이 낮다는 연구 결과를 내놓은 바 있다. 이 연구팀은 또 심장수술을 받은 2,411명에게 속 깊은 이야기를 나눌 친구가 있는지에 따라 우울증 발병 위험을 조사했는데, 친한 친구가 있을 때 우울증 위험이 떨어졌다. 반면, 친구와의 관계가 원활하지 않으면 병에 걸릴 위험이 높다. 캐나다 아카디아대학 러크런 맥윌리엄스 박사팀이 친구와 친해지는 데 두려움을 느끼는지에 따라 18~60세 5,645명의 질환 발병 위험을 조사했다. 연구 결과, 친구와 친해지는 데 어려움을 느끼는 사람일수록 심장병이나 뇌졸중에 걸릴 위험이 올라갔다. 친구와 잘 친해지지 못하는 사람은 만성 통증과 궤양질환을 많이 앓고 있기도 했다.

친구의 긍정적 효과는 여기서 그치지 않는다. 친구는 뇌 건강에도 도움을 줘서 치매 위험을 낮춘다고 한다. 미국 하버드대학 랜디 버크너 교수팀이 친구와 타인이 어떤 비행기 좌석을 선호하는지 인터뷰를 하면서 참가자의 뇌 반응을 영상촬영으로 살펴봤다. 그랬더니 타인일 때는 뇌 활동에 변화가 없었으나 친구에 대해 말을 할 때는 뇌가 활발히 움직였다. 뇌를 활발히 쓰면 그만큼 치매 위험이 줄어든다.

친한 친구가 있으면 타인과의 갈등도 무난히 넘겨서 불행의 길에 잘 들어서지 않는다. 캐나다 콩고디아대학 심리학과 윌리엄 부코스키 교수가 103명의 어린이에게 4일간의 경험담과 그때의 기분 상태를 적게 해서 친한 친구가 있는 아이와 없는 아이로 나눠서 분석했다. 연구 결과, 친한 친구가 있는 아이는 힘든 일이 생겼을 때도 스트레스호르몬의 변화가 거의 없었다. 반면, 친한 친구가 한 명도 없는 아이는 힘든 일을 겪을 때 스트레스호르몬이 크게 올라갔고 자존감이 많이 떨어졌다. 고민이 있을 때도 친구는 인생의 길잡이가 되어 우리를 행복하게 해준다. 미국 미시간대학 연구팀이 문제 상황일 때 친구와 가벼운 대화가 어떤 효력을 발휘하는지 살펴봤는데, 친구와 대화하면 고민하던 문제의 실마리를 잘 찾아냈고 스트레스 크기도 줄었다. 또, 일부 심리학자는 "여성은 친구와 이야기를 나누는 것만으로 행복호르몬인 옥시토신이 나온다"고 주장한다.

친구와 함께 다이어트를 하면 성공할 가능성도 올라간다. 미국 펜실베이니아의과대학 시리키 쿠마니카 교수팀이 2년간 344명에게 체중 감량을 위한 운동프로그램을 실시했는데, 혼자 운동한 그룹보다 친구와 운동한 그룹이 살을 더 많이 뺐다. 게다가, "친구는 닮는다"라는 말처럼 날씬한 친구가 있으면 저절로 다이어트가 된다고 한다. 미국 브라운의과대학 트리시아 리헤이 박사팀이 18~25세 288명의 비만도와 친한 친구의 비만도를 조사했더니, 친구들이 날씬하면 같이 날씬하고 친한 친구가 뚱뚱하면 같이 뚱뚱한 경향을 보였다.

이뿐 아니다. 애인과 서먹하거나 부부간 갈등이 있을 때도 친구는 우리에게 도움을 준다. 미국 웨인주립대학 리처드 슬래처 박사팀이 커플 60쌍을 대상으로 다른 커플과 우정을 쌓게 한 그룹과 다른 커플과 친밀도가 적은 그룹으로 나눠서 친구가 연애에 어떤 영향을 미치는지를 조사했다. 그 결과, 다른 커플과 우정을 쌓은 그룹의 연애가 그

렇지 않은 그룹보다 원활했다. 또, 부부간 갈등이 심할 때 친구와 상의
하면 부부 관계를 회복하는 데 도움이 된다는 영국 정부 보고도 있다.

인디언 말로 "친구는 '내 슬픔을 등에 지고 가는 자'"라고 한다. 내
슬픔과 친구의 슬픔을 같이 나누고 짊어지면 슬픔의 크기는 때론 커
지고 때론 작아진다. 그러나, 누군가 함께 짐을 짊어질 때 우리는 혼
자일 때보다 가볍다고 느끼고, 어떤 슬픔도 극복할 수 있다고 생각한
다. 슬픔을 같이 등에 지고 갈 친구가 있는 사람이 행복한 이유다.

'친구'하면 생각나는 텔레비전 광고 하나가 있다. 병 때문에 머리
가 빠진 한 친구를 위해 반 전체 아이들이 머리를 밀었다는 국내 한
초등학교 이야기가 담긴 광고인데, 아직까지 뇌리에 깊이 남아있을
정도로 인상적이었다. 친구와 슬픔을 나눠가진 아이들의 민머리는
얼마나 아름답던지. 아픈 친구와 함께 밝게, 수줍게, 행복하게 웃는
아이들을 텔레비전 광고에서 보며, 눈은 촉촉해지고 가슴은 훈훈해
졌던 기억이 아직도 눈에 선하다.

친구와 행복한 관계를 강화하려면 나름의 방법이 있다고 한다. 간
혹 친구를 경쟁자나 비교 대상으로 여기는 사람이 있는데, 친구와 경

쟁구도가 그려지면 우리는 불행해진다. 실제, 미국 캘리포니아주립대학 데이비드 히바드 교수팀이 청소년 110명에게 친구와의 성적 경쟁이 어떤 영향을 미쳤는지 조사했다. 그 결과, 친구와 경쟁하는 아이들은 우울하고 외로움을 느끼는 경향이 있었다. 반면, 경쟁자를 자기 자신으로 정한 아이들은 우울한 감정을 느끼는 빈도가 덜했고 자존감이 높았다.

친구보다 스스로를 경쟁 대상으로 삼는 게, 우리를 행복하게 만드는 셈이다. 또, 프랑스 파리경제학교 앤드류 클라크 교수팀이 전 세계 24개국에 거주하는 사람들을 대상으로 친구와 수입을 비교하는지를 묻고 행복 정도를 조사했더니, 친구와 수입을 비교하는 사람은 그렇지 않은 사람에 비해 덜 행복했다. 친구들에게 '연봉이 얼마야?'라고 묻지 않는 것이 친구는 물론 스스로의 행복에 좋은 셈이다.

또, 사람들은 친구는 많을수록 좋다고 생각하는데, 숫자보다 얼마나 친밀하게 지내는지가 행복에 더 큰 영향을 미친다고 한다. 영국 노팅엄대학 심리학과 리처드 터니 박사팀이 친구 수와 행복의 관계에 대해 조사했다. 연구 결과, 행복은 확실히 친구 수에 비례하는 경향을 보였지만 50명을 넘어서면 오히려 덜 행복하다고 느꼈다. 또 리처드 터니 박사팀이 영국의 지역별 특성을 감안해서 똑같은 분석을 해봤더니, 지역 특성 상 친구 수는 많지만 친밀도가 떨어지는 지역보다 친구 수는 적지만 친밀도가 높은 지역에서 더 행복감이 올라갔다고 한다. 행복한 친구 관계를 맺으려면, 여러 친구와 적당히 알고 지내기보다 소수의 친구와 친하게 지내는 게 더 나은 것이다.

친구와 친밀해지는 데도 방법이 있다. 미국 노트르담대학 연구에 따르면 적어도 15일에 한 번 꼴로 대화를 나누는 친구 사이가 친밀도도 높고 보다 오래 친구 관계를 유지하게 된다고 한다. 심리학자들은 "친구와 오랫동안 친하게 지내려면 자주 연락하고 자주 만나라"며 "이때 서로 재고 따지는 것보다 솔직한 진심을 털어놓는 게 좋다"고 말한다. 친구에 대한 배려도 중요하다. 늘 친구 입장에서 먼저 생각하고, 때와 장소에 따라서 친구에 대한 예의를 지키도록 하자. 편한 사이일수록 더 조심해야 한다. 또 친구에게 고민이 있을 때는 적게 말하고 많이 들어주는 것이 좋다. "진정한 벗은 제2의 자기"라고 아리스토텔레스가 말했듯, 친구를 자신처럼 사랑하는 것이 우정의 가장 중요한 요소가 아닐까 싶다.

또 한 가지 덧붙이자면, 기쁜 일이 있는 친구는 챙기지 못하더라도, 슬픈 일이 있는 친구에게는 반드시 위로를 보내자.

함께 슬픔을 나눌 친구가 있다는 사실 하나만으로 우리는 모두 행복해질 수 있다.

심리학자들은 "소소하게 모든 것을 털어놓을 수 있고
의지할 수 있는 친구가 있으면 스트레스 대처 능력이 올라가고
면역력이 높아진다"고 주장한다. 이런 영향 때문에 친구와
꾸준히 우정을 나누는 사람은 감기에도 덜 걸린다

10_열 마디 말보다,
한 번의 포옹이 마음을 녹인다

36.5도의 체온이 가슴과 가슴으로, 입술과 입술로 만날 때, 우리는 때론 반갑고 때론 기쁘며 때론 위안을 얻어서 행복하다고 느낀다. 키스와 스킨십은 오랜만에 만난 사람 간에는 반가움의 표현이고, 사랑하는 사람 사이에는 애정 표현이며, 힘든 일을 겪는 누군가에게는 위안의 또 다른 이름이기 때문이다.

2003년 겨울을 뜨겁게 달군 영화 〈러브 액추얼리〉 속 크리스마스이브 풍경에는 이 모든 것이 담겨 있다. 남편이 바람난 사실을 알고 실의에 빠진 카렌(엠마 톰슨)이 자녀의 크리스마스 발표회에서 영국 수상이자 오빠인 데이빗(휴 그랜트)과 우연히 만나 나눈 포옹과 키스에는 반가움과 기쁨, 위안이 녹아 있다. 국적이 다른 두 남녀 제이미(콜린 퍼스)와 오렐리아(루시아 모니즈)가 청혼 후 나눈 부드럽고 정중한 키스, 데이빗과 그의 통통하고 막말하는 사랑스러운 비서 나탈리(마틴 맥커친)가 발표회 무대 뒤편에서 나눈 열정적인 키스는 사랑이었다.

또한, 한물 간 가수 빌(빌 나이)이 가요 순위에서 1위 후 엘튼 존의 파티 대신 그의 오랜 친구이자 매니저의 집을 찾아와 어색하게 나눈 포옹과, 사라(로라 린니)와 정신병원에 입원한 그녀의 오빠가 나누는 포옹에는 애정과 위안이 깃들어 있다. 주목할 점은 상황과 캐릭터에 따라 등장인물의 감정은 제각각 달랐지만, 이들이 키스와 스킨십을 하는 순간만큼은 어색하게라도 웃고 있었다는 사실이다.

손을 잡거나 어깨에 팔을 두르거나 등을 가볍게 두드리거나 입술과 입술이 맞닿는 것만으로, 날 선 마음이 어느새 말랑해지고 축 처진 몸에 점점 기운이 샘솟는 경험을 누구나 한 번쯤은 해봤을 것이다. 키스와 스킨십을 의학자들은 우리 몸과 마음의 비타민이라고 명명하기도 하는데, 그만큼 키스와 스킨십에 우리를 행복하게 해주는 요소가 많기 때문이다.

포옹이나 가벼운 스킨십을 많이 하는 사람은 행복하다. 한 달간 되도록 많은 사람을 안아주도록 한 실험에서 참가자들이 한 달 후 실험 시작 전보다 행복 지수가 올라갔다는 보고가 있다. 또 미국 인디애나대학 줄리아 헤이먼 박사팀이 최소 1년 이상 시간을 함께 보낸 25~76세 1,000여 쌍의 커플에게 키스와 스킨십 정도에 따른 관계 만족도를 조사했는데, 자주 포옹하고 키스를 많이 하는 커플일수록 행복 지수가 높은 것으로 나왔다. 특히, 키스와 스킨십이 많은 남성이 키스와 스킨십이 적은 남성보다 커플에 대한 행복감을 나타내는 지수가 3배나 높았다고 한다.

키스나 스킨십을 할 때에는 엔도르핀과 옥시토신이 분비되고 스트레스호르몬인 코티솔은 줄어드는데 이 역시 행복 지수가 올라가는 데 한몫을 한 듯하다. 미국 라파옛대학 웬디 힐 교수팀이 커플 15쌍을 대상으로 키스 전후의 옥시토신 수치와 코티솔 수치의 변화를 살폈더니, 키스를 한 뒤 남성은 키스 전보다 옥시토신 수치는 늘어났고 코티솔 수치는 줄었다. 여성은 코티솔 수치는 줄었지만, 옥시토신 수치는 변화가 없었다. 힐 교수는 분위기와 감정적 교류가 더해진 상황에서 키스를 했다면 여성도 옥시토신 수치가 늘어났을 것으로 예측했다. 또, 스위스 취리히대학 비아트 딧젠 박사팀도 결혼을 앞둔 커플 51쌍에게 일주일간 스킨십이 얼마나 이뤄졌는지 확인한 뒤 침을 채취해 스트레스호르몬 수치를 측정했다. 연구 결과, 스킨십이 많은 커플일수록 침 속의 스트레스호르몬 수치가 떨어져 있었다.

친밀한 사람과 자주 껴안고 키스하는 사람일수록 행복해지는 이유는 또 있다. 애인과 키스하거나 친밀한 사람과 스킨십을 하면 통증에 대한 민감도가 낮아지기 때문이다. 미국 캘리포니아대학 연구팀이 6개월 이상 사귄 남자 친구가 있는 여성들에게 따끔할 정도의 통증을 준 뒤 남자 친구와 손잡기를 한 그룹, 낯선 타인과 손잡기를 한 그룹, 그냥 공을 쥐게 한 그룹으로 나눠서 통증 수치의 변화를 살폈다. 그 결과, 남자 친구가 손을 잡아준 그룹은 통증 수치가 떨어졌다. 반면, 다른 그룹들은 큰 차이를 보이지 않았다.

게다가, 키스를 자주 하는 사람은 더 오래 살고, 병에도 덜 걸린다고 한다. 매일 키스를 하는 사람은 그렇지 않은 사람보다 5년 정도 더 오래 살고, 직장에 아프다고 결근하는 비율도 낮다는 연구 결과가 있다. 세계보건기구(WHO)도 키스가 우리 몸에서 면역 기능을 담당하는 백혈구 수치를 올려준다고 발표한 바 있다. 미국 연구에서도 키스를 하면 충치가 예방된다는 결과를 내놨는데, 키스를 하면 입 속 세균을 없애주는 침 성분과 세균의 힘을 약화시키는 화학물질이 많이 만들어진다는 것이다.

스킨십은 따뜻한 체온을 나눠서 마음을 편안하게 만들고 서로 교감하게 해서 정서적인 안정도 주기 때문에 정신 건강에도 도움이 된다. 아기가 엄마의 따뜻하고 부드러운 품에서 모유를 먹는 일도 스킨십의 하나인데, 모유수유를 한 아이들이 성인이 됐을 때 정신 건강 문제를 덜 겪는다고 한다. 실제 서울대학 의대 연구팀이 문제가 있어서 소아정신과를 찾은 초등학생과 중학생 그룹과, 건강한 초등학생과 중학생 그룹으로 나눠 어릴 적 모유수유 여부를 조사했더니, 문제 그룹은 56％, 건강 그룹군은 75％로 모유수유율에 차이를 보였다.

어린 시절 모유수유를 통해 엄마와 아이가 나눈 스킨십이 아이의 정신 건강에 도움이 되고 엄마도 모유수유를 할 때 옥시토신이 분비되고 아이와 스킨십을 통해 교감을 하기 때문에 정서적인 만족도가 올라가는 것이다.

이뿐 아니다. 키스와 스킨십은 비만을 막아줘서 건강 효과와 미용 효과를 동시에 낸다. 한 번 키스할 때 12kcal가 소모된다는 보고가 있는데, 12kcal를 쓰려면 5분간 산책을 하거나 창문 닦기를 3~4분은 해야 한다. 음식으로는 블랙커피 두 잔이나 오이 반 개 정도를 더 먹어도 되는 것이다. 사랑을 하면 왜 살이 빠지고 예뻐지나 했더니 나름 이유가 있었던 셈이다.

대학 시절, 동기들과 밥을 먹으며 이야기를 나누다가 한 친구의 침이

내 식판에 안착한 적이 있다. 그때, 처음 연애를 시작해서 1년의 시간이 지나있던 그 친구는 미안하다는 말과 함께 남자 친구는 자신의 침을 로열젤리라고 한다는 19금 멘트를 해서 우리들을 폭소의 도가니로 몰아넣은 적이 있다. 호기심 충만하고 언제든 수다를 떨 준비가 된 여대생들이 그 내용을 가지고 폭풍 토론을 한 결과는 "남자 친구와 설왕설래할 때만 유효하다"는 것이었다.

우리 몸 중 입에서 시작해서 항문으로 끝나는 소화기관은 어디에든 균이 서식하는 데다 특히 입 안은 혈관 분포가 많고 축축해서 균이 살기 딱 좋다. 당시 우리는 입 안의 침이 밖으로 튀어나오면 타인에게 균을 전파하는 일을 할 뿐이어서 해롭다고 여겼지만, 키스만큼은 예외로 뒀다. 서로 사랑하고 아껴주는 사람 사이에서 이뤄지는 일이기에 플러스 효과를 불러일으킬 것으로 예상한 것이다. 의학적인 연구 결과를 보니 그 당시 우리의 결론이 터무니없지만은 않았다는 생각이 든다.

친밀한 사이에서 부드럽고 안정감 있게 하는 스킨십은 우리를 확실히 행복으로 이끌어준다. 배가 아플 때 엄마가 배를 쓸어주면서 '엄마 손은 약손'이라고 읊조렸던 기억은 우리들의 행복 앨범에 저장돼 있다. 심지어 우리가 아팠던 상태였는데도 말이다. 게다가, 배가 아플 때 마치 엄마처럼 친밀한 누군가가 손으로 배를 쓸어주면 통증이 많이 줄어서, 어느새 잠에 빠져들게 된다. 여기에도 이유가 있는데, 단순히 스킨십으로 스트레스호르몬이 줄어들고 행복호르몬이 늘어났기 때문만은 아니다. 누군가 손으로 배를 쓰다듬을 때 마찰열이 생기면서 혈액이 위장에 잘 돌게 되므로 소화기능을 한결 돕는 것이다. 참고로 배를 쓸어줄 때는 시계 방향으로 해주는 것이 좋다.

한편, 행복감을 높여주는 스킨십은 따로 있다. 친구나 선후배 사이에서 '힘내'라는 말을 할 때도, 그냥 말하기보다 어깨에 손을 올리고 그 손에 살짝 힘을 주며 말하면 친밀도가 올라간다. 아이의 배를 쓸어줄 때에도, 갑자기 차가운 손을 배에 쑥 집어넣기보다 두 손을 살짝 비벼서 우선 손을 따뜻하게 만드는 게 좋다. 세심한 보살핌을 받는 느낌을 주는 스킨십은 신뢰와 사랑으로 연결되기 때문에 아이를 더 행복하게 해준다.

그런가 하면 남녀 간에 행복감을 높이는 키스와 스킨십에는 화성과 금성의 거리만큼 차이가 있다. 남성들은 키스나 스킨십이 어떤 상황에서 이뤄져도 보통 행복하다고 느끼기 때문에 키스나 스킨십의 빈도가 행복에 영향을 많이 미친다. 이 때문에 남성은 여성으로부터 신체 접촉을 거부당하는 경우가 많은데, 여성이 오랜 시간 질질 끌며 신체 접촉을 거절하면 관계 형성이 원활히 이뤄지지 않아서 장기적으로는 서로의 애정 전선에 나쁜 영향을 줄 수 있다.

이에 비해 여성은 키스나 스킨십 그 자체보다 신체 접촉이 이뤄질 때의 분위기나 상대와의 친밀도에서 행복한 감정을 더 많이 느낀다. 로맨틱한 분위기에서 신뢰가 쌓인 남성과 입을 맞추거나 포옹할 때 행복하다고 느끼지, 키스나 스킨십 횟수가 많을 때 행복하다는 감정을 느끼는 것이 아니라는 소리다. 그러므로 여성을 만족시키기 위한 스킨십은 아름다운 음악을 틀고 달콤한 말을 속삭이면서 부드러운 애무나 마사지, 가벼운 입맞춤부터 시작하는 것이 좋다.

물론 키스와 스킨십은 각 개인마다 취향이 다르다. 이 때문에 어떤 부위에 어떤 방식으로 신체적 접촉을 하는 것이 더 좋은지에 대해 커플끼리 대화를 충분히 하는 것이 행복감을 높이는 데 도움이 된다. 또 키스를 할 때는 남녀 모두 입 냄새를 제거하는 것이 에티켓이다. 데이트를 할 때 서로 아름답게 보이려고 노력하는 것이 에티켓인 것처럼 말이다. 입 냄새의 원인을 적극적으로 찾아서 치료하다 보면 내 건강도 챙길 수 있고, 이성뿐 아니라 타인과의 관계에서도 부가적인 이득을 볼 수 있다.

사랑하는 사람에게 적어도 하루 한 번 애정을 표현하자.

손을 잡아주거나 짧게 입맞춤을 하는 것만으로 우리의 행복 지수는 성큼 올라간다.

36.5도의 체온이 가슴과 가슴으로, 입술과 입술로 만날 때,
우리는 때론 반갑고 때론 기쁘며 때론 위안을 얻어서 행복하다고
느낀다. 키스와 스킨십은 오랜만에 만난 사람 간에는 반가움의
표현이고, 사랑하는 사람 사이에는 애정 표현이며, 힘든 일을
겪는 누군가에게는 위안의 또 다른 이름이기 때문이다.

11_ 한 시간 정도 책을 읽으면 어떤 고통도 진정된다

"책은 가장 싼 값으로 가장 오랫동안 기쁨을 누릴 수 있게 한다." 미셸 몽테뉴의 이 말에 독서광들은 고개를 절로 주억인다. 언제 어디서든 읽을 책 한 권만 있으면 남부러울 것 없이 행복한 사람들이니 그럴 수밖에 없다. 독서광이 아니어도, 책장에 고이 간직한 도서가 한 권이라도 있는 사람은 행복한 사람이다. 생의 어느 한 지점에 그 책을 넘겨보며 느끼는 만족감은 꽤 크고, 생각보다 오래 간다. 그래서 대청소를 할 때마다 늘 버릴까 하다가도 다시 고이 간직하게 되는 것이 바로 책이다. 1만 원 내외를 투자해서 책만큼 오랜 기간 행복 수익률을 올리는 것도 생에 별로 없다.

독서는 우리를 책 속의 미지의 세계로 이끈다. 그래서 꿈과 희망에 가득 차게 하고 소중한 지혜를 나눠주며 앎의 기쁨에 빠져들게 한다. 전문지식이 담긴 전공서적을 비롯해, 역사, 어학, 양육, 여행, 음식, 건강, 스포츠 등 셀 수 없을 만큼 많은 주제의 교양서에 담긴 삶의 지혜들. 그리고 에세이, 시, 소설 등에 담긴 다양한 삶의 풍경은 우리의 머리와 가슴을 가득 채우고도 남는다.

신세계에서 상상의 나래를 펼치며 꿈과 희망으로 마음의 창고를 그득히 채우는 사람은 행복하다. 늘 책을 읽고 책을 덮을 때마다 성취와 보람을 느끼기 때문인데, 이런 사람은 행복호르몬인 도파민 생성 능력이 오랫동안 유지된다. 실제로 독서를 생활화하는 사람은 책을 잘 읽지 않는 사람보다 행복하다는 연구 결과가 있다. 미국 메릴랜드대학 사회학과 존 로빈슨 박사팀이 1975년에서 2006년에 걸쳐 약 3만 명의 사람에게 행복에 미치는 생활습관을 조사했더니, 습관적으로 신문이나 서적을 읽는 사람은 인생을 훨씬 더 행복하다고 느꼈다.

우리가 좌절이나 위기에 빠져 허우적거릴 때도 책은 우리를 행복한 곳에 머무르게 한다. 어딘가에서 읽은 한 줄의 글귀가 갑자기 머릿속에서 튀어나와 우리를 불행에서 건져줄 때도 적지 않다. 2007년 '의사와 책'이라는 주제로 인터뷰를 했던 중앙대병원 피부과 레지던트 김지영 선생은 또 다른 이유로 책이 우리를 구원한다고 말했다.

김지영 선생은 "대학 때까지 굉장히 자신만만하게 살아오다가 인턴 때나 레지던트 1, 2년차 때에는 할 수 있는 일이 거의 없어서 좌절감에 빠지고 무기력해지는 면이 없지 않았다"며 "그런데 책을 읽다가 주인공들이 겪는 시련을 보면서 '나만의 시련이 아니라 이 세상을 살아가는 모든 사람들의 시련이다'라는 답을 얻은 적이 있다"고 말했다. 고독한 동물인 인간에게 공감만큼 절실한 것이 있을까. 타인과 공감대가 형성될 때 우리는 행복하다고 느끼는데, 그중에서도 독서는 확실히 외로움에서 우리를 건지고 공감대를 형성하는 데 도움을 준다.

그래서 독서는 기대 외의 즐거움을 우리에게 안겨준다. 미국 듀크 대학 사라 암스트롱 박사는 건강생활습관 프로그램에 참여한 9~13세 비만 소녀 81명에게 비만 소녀가 주인공인 소설을 읽은 그룹과 비만 소녀가 나오지 않는 소설을 읽은 그룹, 아무 책도 읽지 않은 그룹으로 나눠서 6개월 후 체질량지수를 점검했다. 연구 결과, 비만 소녀가 주인공인 소설을 읽은 그룹의 체질량지수는 0.71% 떨어졌다. 비만 소녀가 나오지 않더라도 소설을 읽은 그룹은 체질량지수가 0.33% 낮아졌다. 그러나 아무것도 읽지 않은 소녀 그룹은 체질량지수가 0.05% 떨어지는 데 그쳤다. 자신과 책 속 인물과 공감대가 클수록 더 건강한 삶을 살려고 노력하고, 결국 그렇게 되는 셈이다.

또, 독서는 마음을 튼튼하게 만들어서 우리를 행복으로 이끈다. 실제 영국 서섹스대학 연구팀이 6분간 책을 읽을 때 스트레스가 얼마나 줄었는지 측정했는데, 책을 읽은 후 스트레스 지수가 68%나 떨어졌다. 심장박동수도 떨어졌고 근육 긴장도 역시 낮아졌다. 책을 읽으면 불안하고 피곤한 일상에서 잠시나마 벗어날 수 있기에, 마치 여행을 잠깐 다녀온 것 같은 효과를 보는 셈이다. 더불어, 책은 우리를 몰아의 경지에 다다르게 해서 우리를 순수한 행복 상태에 도달하게 한다. 책에 푹 빠져서 내가 책 속 인물인지 책 속 인물이 나인지 모르는 무아지경 혹은 몰입 상태가 될 때 우리는 커다란 행복을 만끽한다. 그래서 독서는 우울증에도 특효약이다.

미국 피츠버그대학 브라이언 프리맥 교수팀이 우울증이 있는 청소년과 건강한 청소년 106명에게 설문조사를 했는데, 독서를 즐기는 사람이 우울증일 확률은 10분의 1로 음악을 즐겨 듣는 사람이 우울증일 확률보다 현저히 낮았다. 음악을 즐겨듣지 않는 사람이 음악을 즐겨듣는 사람보다 우울증일 경우가 8배 이상 많았는데도 말이다. "약으로 병을 고치듯이 독서로 마음을 다스린다"는 율리우스 카이사르의 말이 틀리지 않은 셈이다.

독서는 뇌를 고양시켜서 삶의 긍정적 효과도 낸다. 미국 테네시주립대학 리처드 앨린톤 교수팀이 3년의 기간 동안 방학 때 읽을 책을 준비해둔 아이와 읽을 책을 준비하지 않은 아이의 독해력을 비교해 봤더니, 읽을 책을 미리 준비해둔 아이들의 독해력이 훨씬 높았다. 또한, 미국 메이요클리닉 요나스 게다 박사팀의 연구에 따르면, 독서를 많이 하는 사람이 독서를 잘 하지 않는 사람보다 치매 위험이 낮다고 한다.

요나스 게다 박사팀은 70~89세 1,300여 명의 독서 습관과 기억력 장애 관계를 살펴봤다. 연구 결과, 독서 습관이 있는 노인이 책을 잘 읽지 않는 노인에 비해 기억력 장애 위험이 40%나 낮아서 치매 위험마저 크게 줄어드는 것으로 나왔다. 또, 미국 알버트 아인슈타인 의과대학 찰스 홀 교수팀은 독서 습관을 들이면 치매 발생 시기를 두 달 이상 뒤로 미룰 수 있다는 연구 결과를 발표한 바 있다.

독서가 행복에 미치는 영향은 여기서 끝나지 않는다. 자주 책을 읽는 사람은 표현력이 뛰어나고 말을 잘 하며 자신감에 찬 모습을 보인다. 미국 캘리포니아대학 연구팀이 아이들에게 15~20분간 정기적으로 강아지 3마리 앞에서 책을 읽게 했을 때 어떤 변화가 일어나는지 살폈는데, 10주 뒤 아이들의 말하기 능력과 발표력이 향상됐고 읽기 속도가 빨라졌다. 또, 자신감에 차서 큰 소리로 책을 읽는 아이들이 4명 중 3명꼴로 늘었다.

비단 독서를 즐기지 않더라도, 그저 책을 많이 소유하는 것만으로 아이들에게 미치는 교육 효과도 상당하다. 미국 네바다주립대학 마리아 에반스 교수팀이 20년간 27개국 7만여 가정의 책 보유 권수와 자녀 교육 정도를 분석했더니, 집에 책이 500권 이상 있으면 자녀의 교육 기간이 3년 넘게 길어졌다. 교육 기간이 길면 수명도 길어지고, 경제적으로 윤택한 삶을 살 확률도 높아서 행복해질 가능성마저 커진다.

　샤를 몽테스키외는 "한 시간 정도 독서를 하면 어떤 고통도 진정된다"고 말한 바 있다. 샤를 몽테스키외의 말에 전적으로 동의하는 것은 아니지만, 독서는 고통을 잠재우는 효과가 뛰어나다. 너무 고통스러울 때는 아무리 흥미진진하고 재미있는 책이라 해도 빠져들지 못한다는 사실을 경험으로 체득했기에 예외로 했을 뿐, 나는 인생의 힘든 시절을 상당 부분 책에 의존해서 지나왔다. 책에 빠져 있다가 어느 순간 고개를 들었을 때, 마음이 침착해지고 심장의 고동이 부드러워지며 긴장감마저 풀어져 있는 스스로를 마주하는 게 낯설지 않다. 특히 '머리는 차갑게, 가슴은 따뜻하게'라는 삶의 모토가 있다면, 독서가 확실히 도움이 된다. 하루하루 살다 보면 '머리는 뜨겁게, 가슴은 냉랭하게'가 되는 경우가 적지 않은데, 20~30분간 책을 읽다 보

면 저절로 '머리는 차갑게, 가슴은 따뜻하게' 된다.

커다란 숙제가 앞에 놓였을 때도 책은 우리에게 해법을 제시한다. 양귀자의 소설 《모순》에는 어려움에 직면할 때마다 책에 매달리는 주인공 안진진의 쌍둥이 엄마가 나온다. 남편이 집을 나가서 두 아이의 생계를 온전히 책임져야 할 때도, 수십 년 만에 풍을 맞은 남편이 집에 돌아와 자리보존을 할 때도 그녀는 책에서 답을 찾는다. 실상 책에 답이 담겨 있지 않더라도, 독서를 하면서 이리저리 생각의 크기를 굴려나가다 보면 어느새 우리는 해답을 얻게 된다.

책은 때론 서먹한 가족 간에 친밀감도 높여준다. 2007년 의사회 취재를 갔을 때 우연히 책에 빠져있는 여의사 한 명이 취재 레이더망에 포착됐다. 회의에 이은 만찬연회가 끝나갈 무렵 성형외과 개원의였던 그녀, 정효경 전문의에게 조용히 다가가 계획에 없었던 인터뷰를 청했다. 밤 11시가 다 된 늦은 시간, 고사하던 그녀에게 간곡히 청한 결과 인터뷰가 성사됐다.

정효경 전문의가 1년에 한 번 열리는 의사회 모임에서 읽을 정도로 급하게 읽어야만 하는 책이 뭔가 해서 봤더니, 김훈의 소설 《칼의 노래》였다. 그 책을 읽게 된 사연이 궁금하지 않을 수 없었다. 그녀는 의사회에 참여하는 일도 중하고, 자녀와 함께 독서토론을 벌이는 책 모임 '엄마하고 책하고'에 참여하는 것도 중요하기 때문이라고 설명했다. 책모임에서 토론을 하려면 책을 읽어야 하는데다, 돌아오는 모임에서 토론할《칼의 노래》는 작은 딸이 발제한 책이어서 꼭 읽어야 한다는 것이다.

"일을 하다 보니 아이들과 함께하는 시간을 많이 내지 못해서 아이들이 커갈수록 관계가 서먹해졌다"며 이야기를 풀어놓는 그녀. 미국 학회에 참석했다가 우연히 들른 서점에서 엄마와 자녀가 함께 독서하며 교감을 쌓아가는 책모임에 대한 책을 읽게 됐다. 이후로 그와 비슷한 책모임을 만들어서 운영했다. 엄마로서 다른 일은 못해도 책모임 하나만은 충실하게 하고 싶은데 일을 하느라 책 읽을 시간을 내지 못해서 이렇게 틈틈이 책을 읽는다는 것이다. 이렇게 열심히 책모임에 참여한 결과는 어땠을까? 정효경 전문의는 "책모임을 시작하고 나서 사춘기에 들어선 큰딸과 나의 관계가 크게 개선됐고, 아이의 읽기, 쓰기, 말하기 능력도 굉장히 늘었다"며 "미국 MIT에 간 딸이 자기 글쓰기의 원천은 책모임이라고 스스럼없이 말할 정도로 딸과 나 모두 내적으로 더 성숙해졌고 아주 친해졌다"고 말했다. 자녀와의 소통을 위해 만든 독서 토론이 가족 간의 친밀감을 높여주고 고급 과외를 한 이상의 효과도 낸 셈이다.

요즘은 유익한 읽을거리를 언제 어디서나 쉽게 구할 수 있어서, 우리가 행복하고자 마음만 먹는다면 어느 때든 행복에 도달할 수 있다.

책 사이즈가 휴대하기 좋게 나와 있고, 스마트폰에서 순식간에 책 한 권을 다운받아서 읽을 수도 있다. 돈이 없어도 책읽기는 어렵지 않다. 국회도서관이나 국립중앙도서관을 비롯해, 각 시군구에서 운영하는 도서관에서 무료로 책을 빌려 읽을 수 있다. 한 번에 대여섯 권의 책을 2~3주가량 빌려준다.

집에 자신만의 도서 컬렉션을 만드는 것도 좋다. 무료한 시간을 흥미진진한 시간으로 바꾸고자 할 때에 맞춤인 책 한 권을 바로 옆에서 꺼내는 묘미는 생각보다 크다. 게다가 읽었던 책이라도 다시 읽으면 새로운 의미로, 새로운 느낌으로 다가온다. 한 잔의 차를 음미하듯 책 구절을 되새기다 보면 저절로 입가에 미소가 지어지기도 한다.

손이 닿는 곳에 책이 있다면 당신은 행복을 손에 쥐고 있는 것이나 다름없다.

행복에 닿는 것은 이제 시간문제다.

나는 인생의 힘든 시절을 상당 부분 책에 의존해서 지나왔다.
책에 빠져 있다가 어느 순간 고개를 들었을 때, 마음이 침착해지고
심장의 고동이 부드러워지며 긴장감마저 풀어져 있는 스스로를
마주하는 게 낯설지 않다.

12 _ 인생이 수시로 흔들린다면
종교를 가져라

"종교는 아편이다." 카를 마르크스는 종교가 천국이나 저승 같은 내세의 아름다운 삶을 내세워서 현실의 비참함을 잊게 만드는 환상에 불과하다며 이 말을 했지만, 종교가 마약을 주사하거나 복용하는 것만큼 우리를 행복하게 해준다는 사실도 결국 인정했다.

종교는 왜 사람들을 행복하게 해줄까? 종교에 의지하는 사람은 신의 뜻에 모든 것을 맡기고, 신이 뜻하는 바대로 살려고 한다. 물론 종교인들은 현세에서 신이 자신에게 어떤 길을 가길 바라는지, 항상 신이 원하는 길을 걷고 있는지도 고민한다. 그러나 삶의 가치관인 나침반이 흔들림 없이 항상 한 방향으로 놓여 있기 때문에 종교가 있는 사람은 종교가 없는 사람보다 혼란 속에서도 가야 할 길을 빨리 찾아낸다. 이런 삶이 익숙해지면 판단력, 상황인식능력 같은 인지능력이 저절로 향상되기 때문에, 종교인들은 어떤 상황에서도 삶에서 행복을 주는 길을 잘 찾아낸다.

네덜란드 라이덴대학 심리학과 베른하드 홈멜 박사팀이 종교생활을 하는 대학생 그룹과 종교생활을 하지 않는 대학생 그룹으로 나눠서 복잡한 그림 속에서 도형을 찾아내는 능력을 테스트했다. 테스트 결과, 종교생활을 하는 대학생 그룹이 종교생활을 하지 않는 대학생 그룹보다 작은 도형을 더 빨리 찾아냈다. 행복한 삶에 종교는 중요한 위치를 차지한다. 호주 멜버른대학 브루스 헤디 교수팀이 25년간 6만여 명에게 행복 지수에 영향을 미치는 요인을 조사했는데, 종교가 행복에 지대한 영향을 주는 하나의 요인으로 꼽혔다.

종교생활을 할 때는 같은 신앙을 가진 사람 간에 교감하는 것이 행복 지수를 더 높여준다. 미국 위스콘신대학 임채윤 교수팀이 5,000여 명에게 전화 설문조사를 했는데, 정기적으로 종교모임에 나가는 사람은 종교모임에 전혀 나가지 않는 사람보다 행복한 삶을 살았다. 같은 신앙을 가진 사람과 교감하면서 친밀해질 수 있고, 모임에 소속감을 느끼기 때문이다.

종교는 우리의 마음과 몸을 편안하게 해줘서 행복 지수를 올린다.

미국 컬럼비아대학 연구에 따르면, 종교가 있는 사람은 종교가 없는 사람보다 근심 걱정에 시달리거나 우울증에 걸릴 위험이 80％ 이상 낮았다. 또한 종교생활을 하면 수시로 기도를 통해 신과 소통을 하는데, 이런 종교 행위가 우리 몸을 이완시켜서 행복으로 이끌어준다. 대표적인 예가 식사 전에 하는 기도인데, 식전 기도를 하면 자율신경 중 부교감신경이 활성화되기 때문에 소화력이 올라가고 식사 시간을 더 길게 갖게 돼 건강한 식사습관을 유지하게 된다고 한다. 부교감신경은 소화 효소를 만들어내고 우리 몸을 이완시키며 마음을 차분히 가라앉히는 역할을 하는데, 기도나 명상이 부교감신경을 활성화시키는 대표적인 종교 행위로 꼽힌다.

심지어 신앙생활을 하는 사람은 건강을 위협하는 요인이 있더라도 신앙생활을 하지 않은 사람보다 전반적인 건강 상태가 양호하다고 한다. 미국 노스웨스턴대학 매튜 파인스타인 교수팀이 20년간 2,400여 명을 대상으로 종교가 건강에 미치는 영향을 살펴봤는데, 정기적으로 종교활동에 참여하는 그룹의 비만 인구는 32％, 종교활동을 전혀 하지 않은 그룹의 비만 인구는 22％였다. 그러나 정기적으로 종교활동에 참여하는 뚱뚱한 사람의 건강 상태가 종교활동을 전혀 하지 않은 사람들보다 더 좋았다고 한다.

비만은 만병의 근원으로 꼽히기 때문에 보통 비만인 사람의 건강 상태가 더 나쁘다고 알려져 있는데, 비만이냐 아니냐보다 신앙생활을 하느냐 안 하느냐에 따라 건강 상태가 더 많은 영향을 미친다는 것이다. 또한, 같은 질병을 앓아도 신앙생활을 하는 사람의 건강 상태가 신앙생활을 하지 않은 사람의 건강 상태보다 더 양호하다고 한다. 미국 미시시피대학병원 샤론 와이어트 교수팀이 종교활동을 하는 고혈압 환자와 종교활동을 하지 않은 고혈압 환자로 나눠서 평균 혈압을 조사했는데, 종교활동을 하는 고혈압 환자가 종교활동을 하지 않은 고혈압 환자보다 평균 혈압이 낮았다. 혈압이 낮아지면 각종 심혈관질환의 위험이 떨어지는데, 종교가 있느냐 없느냐에 따라 심혈관질환 위험이 달라지는 것이다.

이러한 까닭에 종교생활을 하는 사람은 종교생활을 하지 않은 사람보다 수명도 길다. 미국 듀크대학 연구팀이 6년간 정기적으로 종교모임에 참여하는 그룹과 건강 상태가 유사한 또래 그룹으로 나눠서 사망률을 살펴봤더니, 종교모임 그룹이 또래 그룹보다 사망 위험이 50% 낮았다. 종교생활을 꾸준히 한 사람은 종교가 없는 사람보다 평균 7년 더 산다는 연구 결과도 있다.

종교생활 가운데는 우리를 직접적으로 행복으로 이끄는 요소도 적지 않다. 대표적인 것이 명상이나 절 같은 수련법이다. 108배를 하면 명상을 할 때만큼 마음이 차분해진다. 게다가 절은 빠르게 걷기에 버금가는 운동 효과를 낸다. SBS뉴스에서 30대 남성을 대상으로 108배를 했을 때의 신체 변화를 분석했는데, 40분간 시속 6km를 걷는 정도의 운동 효과가 있었다고 한다. 배우 고소영도 SBS 〈힐링캠프〉에 출연했을 때 '절체조'를 선보이며 '체조를 하는 것처럼 절하는 동작을 반복했을 때 마음도 편안해지고 운동 효과도 본다'고 말 한 바 있는데, 틀린 말이 아닌 셈이다.

또한, 신앙심은 우리의 고통까지 줄여준다. 영국 옥스퍼드대학 미구엘 파리아스 박사팀이 가톨릭 신자 12명과 무신론자 12명에게 전기 충격을 가하면서 통증의 크기를 측정하고, MRI(자기공명영상)로 뇌 반응을 관찰했다.

연구 결과, 가톨릭 신자 그룹이 무신론자 그룹보다 확실히 고통을 더 잘 참았다. 가톨릭 신자 그룹은 통증 조절에 간여하는 뇌 부위가 활발히 반응한 반면 무신론자 그룹은 별 변화가 없었다.

인간은 스스로 어찌해볼 수 없는 고통스런 일에 직면할 때면, 평소 신을 믿었던 믿지 않았던 상관없이 신에게 매달린다. 전자에게는 늘 함께 하는 신이 있다. 후자에게는 그런 신이 없다. 그러나 이들에게

는 어느 신이냐가 중요한 게 아니다. 하나님이든, 부처님이든, 천주님이든, 알라신이든, 절대자 그 누구에게든 의지한다는 게 중요할 뿐이다. 절대자에게 의지하는 것만으로 누구나 위로와 위안을 얻는다.

요즘은 병원에서도 종교의 힘을 인정해서 종교 행위를 할 수 있는 장소를 따로 만드는 추세다. 현대의학으로 고치기 힘든 병이 아직 적지 않은 데다 신앙생활을 할 때 치유력이 더 크다고 보는 까닭이다. 실제 미국 다나파버암연구소에서 암 환자에게 종교가 미치는 영향을 조사해봤더니, 암 환자 88%가 중요하다고 답했다. 이런 까닭에 요즘은 치료법의 하나로 종교를 포함시켜야 한다는 주장도 나오고 있다.

가장 대표적인 분야가 암치료인데, 이중에서도 완화의료에 종교활동이 들어가야 한다고 주장하는 의학자들이 적지 않다. 종교를 통해서 환자, 보호자, 치료자가 정신적 위안을 얻게 되면, 서로에게 긍정적 영향을 미쳐서 선순환의 물꼬가 트인다는 것이다. 행복의 길로 가는 문이 종교를 통해 쉽게 열릴 수 있는 셈이랄까.

요즘에는 은둔형 외톨이나 불안장애, 우울증을 앓는 사람에게 치료의 하나로 종교활동을 권하기도 한다. 약육강식이 지배하는 사회에서는 연약한 사람이 다치기 쉽다. 그러나 사랑이나 자비 같은 교리로 하나가 된 종교모임에서는 연약한 사람을 쉽게 잘 받아들이고 이해하려는 경향이 있는 데다 도움을 주려는 사람이 꽤 많다. 심리학자들은 "종교모임은 심리적으로 취약한 사람들이 건강한 사회관계를 새롭게 만들어가는 데 도움을 준다"며 "심리적으로 약한 사람은 종교모임을 적극적으로 활용해 보라"고 권한다.

종교를 통해 행복 지수를 높일 때, 그 효과를 배가하는 방법이 있다. 우선 신앙생활을 건성으로 하기보다 깊이 있게 하는 것이다. 미국 맥클린병원 데이비드 로스마린 박사팀이 332명의 신자에게 신앙의 깊이를 살피면서 불안감이나 스트레스 정도를 같이 조사했는데, 신앙심이 깊어서 신이 늘 자신과 함께하고 늘 도움을 준다고 여기는 신자일수록 불안감이 적었고 스트레스도 덜 했다.

또한, 사람마다 신을 무섭거나 자비롭거나 선한 존재로 각자 다르게 인식하는데, 신을 자비로운 존재로 여기는 사람일수록 더 행복하다고 한다. 로스마린 박사팀이 125명의 신자에게 2주간 자비로운 신의 모습을 보여주는 시청각 교육을 했더니, 신앙심이 더 깊어지고 스트레스가 줄었다고 한다. 성경이나 불경, 코란 같은 경전에 보면, 신은 때론 죄를 지은 사람에게 벌을 내리는 무서운 존재기도 하지만, 그 전지전능함으로 모든 죄를 용서해주는 자비로운 존재기도 하다. 또 신은 건실한 사람을 벼랑 끝으로 몰아서 시험에 들게도 하지만, 지쳐 쓰러진 자를 일으켜 세워주기도 한다. 이런 까닭에 신을 어떤 존재로 여기는지에 따라서 우리는 두려움이 커질 때도 있고, 괴로워할 때도 있으며, 행복해할 때도 있고, 위로받을 때도 있다. 신은 우리가 인식하기에 따라 우리에게 행복을 주는 신도 되지만 두려움을 주는 신도 되는 셈인데, 우리가 선한 마음을 지니고 선하게 산다면 신을 두려워할 이유는 없지 않을까 싶다.

게다가 신이 우리에게 복을 줄 것이란 믿음이 강할수록 우리는 행복에 더 가까워질 수 있다고 한다. 소원하는 것을 기도할 때 신이 반드시 들어줄 것이란 믿음이 있으면, 우리 스스로 행복해질 뿐만 아니라 소원을 성취할 가능성도 올라간다. 수십억에 가까운 사람의 기도를 신이 일일이 들어줄 시간이 없다는 마음으로 기도를 하면, 신도 들어줄 마음이 들지 않겠지만 스스로도 소원하는 것을 이루기 위해 열심히 하려는 마음이 덜 생길 터다. 마지막으로, 종교생활을 할 때는 종교모임에 참석하는 사람들과 정기적으로 만나고, 마음을 터놓고 이야기를 하는 것이 좋다. 종교생활 역시 하나의 사교모임이므로 우리의 외로움을 달래준다. 또한 감정을 발산할 데가 있을 때 우리의 행복 지수는 저절로 올라간다.

주위가 온통 컴컴한 어둠뿐이라고 느껴질 때 두 손을 모으고 기도를 해보자.

한 줄기 고요한 빛이 마음의 창에 깃들 것이다.

종교인들은 현세에서 신이 자신에게 어떤 길을 가길 바라는지,
항상 신이 원하는 길을 걷고 있는지 고민한다. 그러나 삶의
가치관인 나침반이 흔들림 없이 항상 한 방향으로 놓여 있기
때문에 종교가 있는 사람은 종교가 없는 사람보다
혼란 속에서도 가야 할 길을 빨리 찾아낸다.

13_ 스트레스를 덜 받는 뇌로 만드는 30분 **명상**의 힘

눈을 감고 명상에 잠겨들 때 우리는 한없이 평온해진다. 매일매일 전쟁을 치르듯 일을 하는 현대인에게 명상이 필요한 이유고, 명상이 그들을 행복하게 해주는 까닭이다.

인도 작은 소국의 왕자였던 고타마 싯타르타는 성장하면서부터 명상을 즐겼고, 고행 속에서 명상을 지속한 결과 스스로 깨달음을 얻어서 부처가 됐다. 부처의 도를 깨치기 위한 수행법으로 명상이 널리 쓰이면서, 명상이 종교적 편견에 휩싸인 데는 이런 이유가 있다. 그러나 요즘은 명상이 아픈 몸을 어루만지고 피폐한 마음을 치유하는 효과가 있다고 하여 특정 종교에 얽매임 없이 전 세계의 주목을 받고 있다. 또 명상을 할 때 우리 몸과 마음에 일어나는 다양한 긍정적 변화가 연구를 통해 활발히 증명되고 있다. 명상 중에는 우리 몸이 산소를 평소보다 적게 써서 활성산소를 덜 만들고 마음을 안정되게 해주는 뇌파인 알파파가 늘어나며 스트레스호르몬인 코티솔 수치가 떨어진다는 것이 대표적이다. 이런 까닭으로 명상을 할 때 우울감과 불안감이 줄어들고 체내 면역력이 올라가며 솟구치던 혈압이 평온을 되찾는다.

명상이 우리를 행복에 더 가까이 다가서게 한다는 사실도 이미 연구를 통해 증명돼 있다. 영국 캠브리지대학 펠리시어 후퍼트 교수팀이 14~15세 155명에게 4주간 일주일에 40분씩 명상을 하게 했는데, 명상 전보다 행복감이 확실히 올라갔다. 명상을 생활화하면 우리는 불행에 쉽게 스스로를 내주지 않게 된다. 평균 3년 6개월간 명상을 한 그룹과 명상을 하지 않은 그룹을 나눠서 스트레스를 준 뒤 반응 결과를 알아본 연구에서, 명상 그룹은 스트레스에도 불구하고 긍정적인 심리가 크게 변하지 않았지만 명상을 하지 않은 그룹은 스트레스에 금방 부정적으로 바뀌었다고 한다. 게다가 명상 그룹은 명상을 하지 않은 그룹에 비해 행복호르몬인 도파민 수치도 올라가 있었다.

이러한 영향 덕분인지, 영남대학 심리학과 허동규 교수팀이 하루 50분씩 8주간 명상을 한 그룹과 명상을 하지 않은 그룹으로 나눠서 스트레스 반응 점수를 살폈을 때 명상 그룹은 17점에서 8점으로 스트레스가 줄었고 명상을 하지 않은 그룹은 21점에서 27점으로 오히려 스트레스가 늘어났다. 또 명상은 우울증이나 불안장애를 치유하는 데도 도움을 준다. 분당차병원 정신건강의학과 이상혁 교수팀이 불안장애를 앓는 환자에게 치료와 병행해서 명상을 하게 했더니, 불안 점수가 17.1점에서 3.1점으로 떨어졌고, 우울 점수도 9.6점에서 4.3점으로 줄었다. 또 암 환자 10명 중 7~8명이 우울증을 겪는데, 의학자들은 "명상을 하면 우울증을 예방할 수 있을 뿐 아니라 치료도 할 수 있다"고 말한다. 국내 한 대학병원에서 유방암 환자에게 명상 프로그램을 운영했더니, 우울증을 겪는 암 환자가 크게 줄었다고 한다.

명상은 우리의 마음뿐 아니라 몸도 치유한다. 덕성여자대학 심리학과 연구팀이 약물치료 중인 고혈압 환자를 명상을 한 그룹과 명상을 하지 않은 그룹으로 나눠서 8주 뒤 혈압 변화를 살폈다. 연구 결과, 명상 그룹은 수축기 혈압이 127mmHg에서 124mmHg, 이완기 혈압이 82mmHg에서 79mmHg로 떨어졌다. 명상을 하지 않은 그룹은 수축기 혈압이 127mmHg로 변함이 없었고, 이완기 혈압은 79mmHg에서 81mmHg로 오히려 올라갔다.

폐경기를 겪는 여성의 건강에도 명상은 긍정적인 영향을 미친다. 미국 메사추세스대학 제임스 카모디 박사팀이 47~69세 여성에게 일주일에 한 번씩 8주간 명상을 하게 했는데, 안면홍조나 불면증, 성기능 장애 같은 폐경기 증상이 15%나 줄었다. 특히 불면증은 명상만으로도 호르몬치료를 할 때와 비슷한 수준으로 개선됐다고 한다. 더불어, 명상은 암 세포를 없애주는 NK세포를 비롯해 다른 면역 세포의 활동력을 높여줘서 우리 몸에 치유 효과를 선사한다. 의학자들은 "명상은 스트레스를 줄여주고 심혈관에 긍정적 영향을 미치며 체내 면역력을 높여주기 때문에 각종 질환에 걸릴 위험을 줄여준다"며 "또한 피로를 줄여주고 술도 빨리 깨게 하며 눈도 맑게 해주는 효능이 있다"고 주장한다.

통증을 줄이는 데도 명상은 뛰어난 역할을 한다. 충북대학 심리학과 이봉건 교수팀이 암 환자들을 8주간 명상을 한 그룹과 명상을 하지 않은 그룹으로 나눠서 통증 점수를 비교했다. 연구 결과, 명상 그룹은 2.9점에서 1.4점으로 통증이 크게 줄어든 반면 명상을 하지 않은 그룹은 2점에서 1.8점으로 큰 차이를 보이지 않았다. 그렇다면 명상이 주는 통증 감소 효과는 어느 정도일까? 미국 웨이크포레스트 밥티스트의학센터 파델 자이덴 박사는 모르핀은 25%, 명상은 40%의 통증을 줄여주는 효과를 보인다고 한다. 명상이 마약성진통제보다 통증을 줄이는 데 더 효과적인 셈이다. 명상을 하면 통증이 줄어드는 까닭도 연구를 통해 밝혀졌다. 프랑스 몬트리올대학 연구팀은 통증 조절에 관여하는 뇌의 회백질이 명상을 할 때 활성화되기 때문이라는 연구 결과를 내놓았다.

이뿐 아니다. 명상은 뇌를 활성화시켜서 집중력을 높이고 뇌의 퇴화도 막는다. 미국 토머스 제퍼슨의과대학 앤드류 뉴버그 박사팀이 티베트 승려들의 뇌를 명상할 때와 평상시로 나눠서 MRI(자기공명영상)로 찍어봤더니, 뇌의 전두엽이 평상시보다 명상할 때 더 활성화됐다. 또 서울대병원 연구진이 3년 이상 하루 한 시간씩 명상을 해온 사람의 뇌를 MRI로 찍어서 일반인과 비교해봤는데, 전두엽과 회백질이 일반인보다 훨씬 더 두꺼워져 있었다.

명상을 하면 뇌가 활성화돼 뇌의 퇴화가 늦춰지므로 치매 위험이 줄고 학교 성적은 물론 창의력이 올라가는 셈이다. 일각에서는 스티브잡스의 애플을 성경 속 이브의 '사과', 만유인력의 법칙을 발견한 뉴턴의 '사과'에 이어 지구를 움직인 3번째 사과로 치는데, 20대부터 매일 아침 명상을 즐긴 덕분에 스티브 잡스가 이 세 번째 사과를 만들어낼 수 있었다는 주장을 하는 이들도 있다.

달라이 라마는 명상을 할 때, 이 세상의 온갖 나쁜 것을 몸 안에 빨아

들인 다음 몸 안에서 이들을 정화시켜서 행복이나 긍정, 자비와 같은 좋은 감정을 다시 세상 밖으로 내보내는 상상을 한다고 한다. 악惡을 늘 선善으로 바꿔 내보내는 달라이 라마의 명상법은 그 자신뿐 아니라 우리 모두를 행복하게 한다. 보통 명상은 과거에 대한 자책이나 미래에 대한 불안을 떨치고 오롯이 지금 현재에 집중하게 함으로써, 우리를 행복으로 이끈다. 명상을 하면서 집중하는 훈련을 계속하다 보면 평소에도 현재에 집중하기 쉬워져서 우리는 행복해지기 쉽다. 스펜서 존슨이 쓴 《선물》을 요약하자면 "'현재'는 '선물'이다 The present is a present"라는 문장이 나오는데, 그만큼 현재에 집중하는 삶을 살수록 우리가 행복해진다는 뜻 아닐까?

명상이 불교 수행법의 하나로 알려져 있기 때문에 막연히 어렵게 여겨서 거리를 두는 사람이 적지 않다. 그러나 명상은 하나의 단어를 생각하거나 오감 중 하나의 감각에 집중하면서 몸과 마음의 긴장의 고삐를 늦추기만 하면 되는, 아주 쉬운 일이다. 곰곰이 떠올려 보면 평소 알게 모르게 명상을 했던 순간이 살면서 한두 번은 있었을 것이다. 나 역시 평소 명상과 담을 쌓고 지냈다고 생각했는데, 돌아보니 의도치 않게 명상을 했던 때가 적지 않다. 아름다운 자연과 건축물, 예술품을 눈앞에 두거나 잊고 싶지 않은 순간을 한껏 눈에 담다가, 뇌리에 저장해둘 요량으로 가만히 앉아서 혹은 난간에 기대서 눈을 감고 그 순간에 집중했던 일도 분명 명상이기 때문이다. 몇 분이고 집중하다가 눈을 뜰 때의 든 행복한 기분도 명상이 한몫을 한 셈이다.

대부분의 사람들이 명상은 조용한 곳에서 눈을 감고 바른 자세로 앉아서 해야 한다고 생각하는데, 전문가들은 그렇지만도 않다고 한다. 물론, 계곡을 낀 숲 속에 앉아서 새소리, 물소리, 바람소리를 들으면서 나무가 내뿜는 피톤치드와 계곡 물이 튀면서 만든 음이온을 들이마시며 명상을 하면 최고의 명상 효과를 얻을 수 있다. 그러나 시끄러운 도로에서 가만히 서 있거나 눈을 뜨고 걷거나, 흔들리는 버스 안에서 고개를 동일한 패턴으로 흔들 때도 얼마든지 명상에 빠져들 수 있다. 실제 요가나 태극권, 국선도 같은 동적 명상법도 있는데, 동작 중 멈춘 상태에서 명상에 빠지거나 동작 자체에 집중하는 방식이다. 이러한 동적 명상은 좀처럼 가만히 있지 못하는 사람이 처음 명상을 시작할 때 종종 권한다. 동적 명상은 명상 효과에 더해 운동 효과까지 볼 수 있는 장점도 있다.

명상의 효과를 높이기 위한 간단한 방법이 있다. 명상전문가들은 "명상을 하기 전 우리 몸을 움직여서 오감을 열리게 해두면 명상이 더 잘 된다"고 말한다. 명상을 하기 전 음악에 몸을 맡기며 춤을 추거나 간단하게 스트레칭을 하면 된다. 또 전신을 마사지하거나 음악을 들으면서 명상에 빠져드는 것도 오감을 여는 방법 중 하나다. 호흡도 배를 볼록하게 내밀었다가 쏙 들어가게 하는 복식호흡을 해주는 것이 명상의 효과를 더 높인다. 복식호흡은 의식적으로 해야 하는 것이기 때문에 무의식적으로 이뤄지는 흉식호흡보다 확실히 집중력을 키워주기 때문이다. 게다가 복식호흡은 흉식호흡보다 다량의 산소를 들이마실 수 있어서 뇌에 산소 공급을 원활하게 해준다. 복식호흡만 제대로 해도 우리 몸의 신진대사가 원활해지고, 자율신경계가 균형을 이루며, 평소 호흡할 때 쓰지 않는 근육까지 단련하는 효과를 얻게 된다.

요즘에는 명상을 하는 목적이나 장소 등에 따라 구체적인 명상법이 나와 있어서, 더 높은 효과를 얻을 수 있다. 이런 각각의 명상법은 다양한 건강 사이트나 명상 관련 기관의 홈페이지에 자세히 소개돼 있다. 또 DVD를 구입해서 명상법을 자세히 배워볼 수도 있다. 명상에 쉽게 빠져들게 해주는 소리나 음악을 담은 명상 CD도 판매되고 있어서, 도심에서도 언제 어디서든 명상을 통해 우리는 행복에 이를 수 있다.

불행하다고 느껴질 때 잠깐 눈을 감고 숨 쉬는 데 집중해보자.

몸과 마음의 행복 근육이 커지는 소리가 들릴 것이다.

달라이 라마는 명상을 할 때, 이 세상의 온갖 나쁜 것을 몸 안에
빨아들인 다음 몸 안에서 이들을 정화시켜서 행복이나 긍정,
자비와 같은 좋은 감정을 다시 세상 밖으로 내보내는 상상을 한다고
한다. 악惡을 늘 선善으로 바꿔 내보내는 달라이 라마의 명상법은
그 자신뿐 아니라 우리 모두를 행복하게 한다.

14_한 잔의 보약보다 한 그루 나무

황홀한 신록이 빛을 발할 때면 곁에 친한 친구가 있고 즐거운 이야기가 있어도 신록에 곁눈을 팔게 되고 나무와 바람이 부딪히는 소리에 귀를 기울이게 된다고 했던 수필가 이양하 선생. 그는 수필《신록예찬》에 "모든 초록을 사랑한다"고 적기도 했는데, 찬란한 빛을 머금은 나무 그늘이나 숲 속에서 해바라기를 해본 사람이라면 선생의 말에 공감하지 않을 수 없다. 우리는 나무그늘이나 숲 속에 들어서면 초록빛 신록에 간단히 몸을 맡기고, 평온하고 시원하며 즐거운 기분에 휩싸인다. 나무와 숲에서 우리가 행복해지는 까닭이다.

나무와 숲은 우리의 몸과 마음을 치유해서 행복을 가져다준다. 일본 영화 〈러브레터〉에서 나무가 후지이 이츠키(나까야마 미호)를 행복으로 이끌었던 것처럼 말이다. 고향 오타루에서 도서관 사서로 일하는 후지이 이츠키는 어느 날 한 통의 편지를 받는다. 그 편지는 중학 시절 이름과 성이 같아서 우여곡절이 많았던 이성 동급생(카시와바라 타카시)의 약혼녀, 와타나베 히로코가 잘못 부친 편지였다. 이츠키는 히로코와 편지를 주고받으면서 켜켜이 묵혀뒀던 중학시절 소년 이츠키와의 추억을 새삼 떠올린다.

그러다 그의 죽음을 알게 되고, 내내 달고 다녔던 감기가 탈이 나 결국 열이 40도 넘게 치솟는 상태에 이른다. 그녀 자신도 모르게 그를 사랑했었던 까닭에 뒤늦게 앓는 열병인 것이다. 눈이 펑펑 쏟아지는 날, 할아버지 등에 업혀서 숲을 가로질러 병원에 도착한 그녀는 중학교 시절 똑같은 상황에서 폐렴으로 목숨을 잃은 그녀의 아버지와 달리 몸을 추스른다. 그리고 담요를 둘러쓰고 집 앞에 나올 정도로 회복된 날, 할아버지에게 그녀가 태어났을 때 마당에 심은 나무 '이츠키'에 대해 듣게 된다.

그녀를 비롯해, 그와 같은 이름인 나무 '이츠키'를 찾아서 종종걸음을 치며 나무 하나하나를 안아보는 그녀의 얼굴에는 웃음이 가득하다. 이름이 같은 나무 한 그루가 그녀의 마음과 몸을 보듬어 행복으로 이끈 셈이다. 그리고 그날 오후, 이츠키는 중학교 도서관 후배들이 가져다 준 책을 통해 그 역시 자신을 사랑했다는 사실을 알게 된다. 아버지 장례가 치러진 뒤 그가 집에 와서 반납을 해달라며 건넸던 책의 도서열람카드 뒤편에 소녀시절 그녀(사카이 마키)의 얼굴이 그려져 있었기 때문이다. 남들이 대출을 기피할 만한 책만 골라서 후지이 이츠키라고 써넣은 도서열람카드는 그가 그녀에게 보내는 러브레터였던 것이다.

나무와 숲 그 자체가 행복을 뜻한다는 데 반기를 드는 이는 없을 것이다. 나무 그늘 아래 앉아서 잠시 쉬는 것만으로 기분이 좋아지고, 숲 속을 거니는 것만으로 들쑤시던 마음이 잔잔해진다는 사실을 우리 모두 경험으로 한두 번은 체득해본 까닭이다. 게다가 나무나 숲을 창밖으로 보는 것만으로도 우리는 행복에 더 가까이 다가선다고 한다.

충북대학 산림과학부 신원섭 교수팀이 창밖으로 나무나 숲이 보이는 곳에서 근무하는 직장인과 나무나 숲이 보이지 않는 곳에서 일하는 직장인으로 나눠서 만족도와 스트레스 점수를 측정했더니, 나무나 숲을 보며 일하는 직장인의 만족도가 나무와 숲이 안 보이는 곳에서 일하는 직장인보다 올라가 있었다. 스트레스 점수도 나무나 숲을 보며 일하는 직장인이 더 낮았다.

게다가, 나무와 숲은 우리의 몸과 마음을 힐링하는 효과마저 탁월하다. 네덜란드 VU대학병원 연구팀이 24개 다발질환 발병률과 약 35만 명의 거주지 인근 나무와 숲 분포 관계를 분석했는데, 집 반경 1km 내에 숲이 있으면 우울증, 불안장애, 고혈압, 심장병, 위장장애 등 24개 다발질환 중 15개 질환에 덜 걸렸다. 또 영국 글래스고대학 연구팀이 숲에서 운동하는 그룹과 체육관에서 운동하는 그룹의 정신건강 상태를 살펴봤는데, 정신건강에 이상이 있는 사람이 숲에서 운동하는 그룹은 8%, 체육관에서 운동하는 그룹은 16%로 차이를 보였다. 숲에서 운동할 때 얻은 정신건강 효과 덕분인 셈이다.

의학자들은 "나무에서 나오는 항균물질인 피톤치드가 스트레스호르몬도 낮추고 신경도 안정시키는 까닭"이라며 "더불어 피톤치드는 혈압을 낮추고 우리 몸에 나쁜 콜레스테롤 생성을 막으며 심폐기능도 강화한다"고 주장한다. 그래서 한 시간가량 숲을 거니는 것만으로 혈압이 떨어지고, 딱딱했던 혈관이 부드러워지며, 폐활량도 늘어난다고 한다.

또 영국 에딘버러대학과 글라스고대학 공동 연구팀이 숲 주변에 사는 남성과 숲이 없는 곳에 사는 남성의 심장병과 폐질환 발병 가능성을 조사했더니, 숲 주변에 사는 남성이 숲이 없는 곳에 사는 남성보다 심장병과 폐질환에 걸릴 가능성이 10%가량 낮았다. 미국 콜롬비아대학 연구팀도 가로수가 많은 곳에 사는 아이들이 천식에 덜 걸린다는 연구 결과를 내놓은 바 있다.

초록의 나무와 숲은 암을 비롯해 각종 질병을 예방하는 효과도 낸다. 일본 니혼의과대학 연구팀이 산림욕 전후 NK세포의 활성도를 조사했더니, 산림욕 전에는 18%, 산림욕 첫째 날 21%, 산림욕 둘째 날 26%로 산림욕을 할수록 암세포를 죽이는 면역세포의 활성도가 올라갔다. 더불어 미국 워싱턴대학 제니스 벨 교수팀이 비만도와 거주지 주변 녹색지대의 면적 관계를 분석했더니, 녹색지대의 면적이 넓을수록 비만도가 떨어졌다. 또, 핀란드 헬싱키대학 연구팀이 청소년 118명의 피부와 혈액에서 미생물 여부를 조사하고 주거지가 어딘지 확인했는데, 숲 인근에 사는 사람이 도시에 사는 사람에 비해 건강에 이로운 다양한 세균을 보유하고 있었다.

의학자들은 "A형 간염 같은 감염질환이 젊은 세대에게 급증하고 있는데, 너무 깨끗한 환경에서 자라나 미생물에 접촉하지 못하면서 면역력을 획득하지 못한 탓"이라며 "숲에서 뛰어놀면 자연적으로 면역력을 얻게 된다"고 말한다. 또한, 핀란드 숲 연구회 에바 카랄라이넨 박사는 주목나무 껍질의 천연 항암 성분인 탁솔과 참나무 껍질의 뼈 부식 방지물질 자일리톨을 예로 들며 "나무 속 다양한 물질들이 몸 안에서 건강 효능을 발휘해 각종 질환의 예방과 치유 효과를 낸다"고 주장한다.

이뿐 아니다. 산림은 우리의 뇌를 건강하게 만들어 우리를 행복으로 안내한다. 미국 미시건대학 막 버만 교수팀이 숲길을 걸은 그룹과 도심을 걸은 그룹으로 나눠서 두뇌 능력 변화를 측정했더니, 숲길을 걸은 그룹은 단기 기억력이 20% 올라갔지만 도심을 걸은 그룹은 변화가 없었다. 또 캐나다 베이크레스츠로트만연구소와 미국 미시간대학, 스탠퍼드대학 공동 연구팀이 우울증을 앓는 사람을 숲을 산책한 그룹과 도시처럼 꾸민 길을 산책한 그룹으로 나눠서 주의력과 집중력 변화를 살폈는데, 숲을 산책한 그룹이 도시처럼 꾸민 길을 산책한 그룹보다 주의력과 집중력이 16% 향상됐다. 의학자들은 "초록색이 심신을 안정화해주고 숲의 공기가 도심보다 산소 함량이 2%가량 많은 것도 영향을 미쳤을 것"이라며 "주의력과 집중력이 높아지면 현재에 더 충실하기 때문에 행복에 더 쉽게 다가갈 수 있다"고 역설한다.

바쁜 일상에 젖어 살수록 우리는 나무와 숲을 찾아야 한다. 갑갑한 우리의 몸과 마음에 나무와 숲은 쉼을 주기 때문이다. 아름드리나무를 안고 있으면 엄마 품에 안긴 것처럼 기분이 좋고, 울울창창한 숲

에서 나무등치에 기대 앉아 있으면 세상만사 부러울 것이 없다. 휴일이면 공원이나 산을 찾는 사람이 점점 느는 이유도 여기에 있다. 좀 더 행복해지기 위해서.

나무와 숲에서 우리가 행복을 찾는 데는 피톤치드나 맑은 공기 외에 다양한 요소가 범벅되어 있다고 한다. 초록을 가득 머금은 색과 바람결에 흔들리는 나무 소리, 계곡물에서 튀어 오르는 음이온 같은 자연환경도 무시할 수 없다는 것이다. 이런 까닭에 피톤치드를 함유한 다양한 제품이 나오고 있지만, 전문가들은 이런 제품이 실제 나무와 숲에서 얻을 수 있는 효능을 따라오지는 못할 것이라고 주장한다.

색깔전문가들은 "녹색은 생명력을 회복시키고 마음을 평안하게 해주며 고통을 줄여준다"며 스트레스가 심할 때나 알레르기질환, 위장질환을 앓을 때 초록색을 가까이 하면 치유 효과를 볼 수 있다고 역설한다. 녹색의 효능과 관련해 재미있는 뒷말도 있다. 후발주자 네이버가 선발주자였던 다음을 밀어내고 국내 최대 포털로 성장한 까닭이 '녹색'을 홈페이지의 주요색으로 설정했기 때문이라는 것인데, 녹색 배경이 마음을 평온하게 해줘서 사람들이 무의식적으로 먼저 찾게 된다는 것이 그 이유다. 물론 녹시율綠視率이 높을수록 정서적 안정감이 증대된다는 것은 익히 알려진 사실이다. 또한, 신록과 바람이 어우러지는 소리가 우리에게 쾌적감을 주고 평안함을 준다는 것도 나무와 숲이 내는 치유 효과에 빠지지 않는다. 음이온도 마찬가지인데, 숲 속 계곡물이 공기와 마찰할 때 생성되는 음이온이 뇌파의 알파파를 증대시키고 우리를 편안하게 해주는 부교감신경을 활성화시켜서 우리를 행복으로 이끈다고 한다.

나무와 숲에서 행복 효과를 극대화하고 싶다면 숲 속에 가만히 앉아있기보다 산책을 하거나 가볍게 조깅을 하자. 걷거나 뛰는 운동을 할 때 피톤치드와 음이온을 더 많이 흡입할 수 있어서 산림의 효과를 더 많이 얻어갈 수 있다고 한다. 특히 운동할 때 이선희의 〈아 옛날이여〉에 맞춰서 걸으면 가장 높은 효과를 볼 수 있다는 충남대 산림자원학과 박범진 교수의 연구 결과도 있다. 산소가 많고 공기가 깨끗한 숲에서 운동을 하면 도심에서 운동할 때보다 피로도도 낮다.

또, 피톤치드는 사계절 내내 나무에서 뿜어져 나오지만, 기온이 높아질수록 피톤치드가 많이 나와서 여름에 가장 많이 흡입할 수 있다고 한다. 여름 이외에 봄, 가을, 겨울 순이다. 시간대도 같은 이유로, 정오가 가장 좋다. 피톤치드를 많이 흡입할 수 있는 장소는 습도가 높아서 공기 움직임이 적은 계곡이나 폭포 주위다. 이런 곳에는 피톤치드 외에 음이온도 풍부해서 삼림욕을 즐기기에 그만이다. 흔히 많은 사람들이 바람이 많이 부는 곳일수록 피톤치드가 많을 것이라고 착각하는데, 그런 곳은 흡입하기 전에 바람에 피톤치드가 휩쓸려가서 효과를 제대로 볼 수 없다.

독일과 일본은 나무와 숲을 질병을 예방하고 치료하는 데 적극적으로 이용한다. 우리나라도 산림청이 나서서 삼림욕을 즐길 수 있는 휴양림을 계속 세우고 있고, 휴양림마다 다양한 프로그램을 운영해서 삼림의 효과를 제대로 누릴 수 있도록 하고 있다. 대표적인 프로그램이 나무를 껴안고 이야기를 하거나 맨발로 숲을 거니는 것이다.

또 휴양림에 가면 초록빛이 가득한 밥상을 마주하게 되는데, 초록빛 음식도 우리를 행복으로 이끌어준다. 음식전문가들은 "녹색 채소에 많이 들어간 인돌 성분이 간을 건강하게 해주고 암을 예방해준다"며 "또 녹색 채소는 우리 몸의 신경계에 작용해서 긴장을 완화하고 체내에 흡수된 유해물질을 해독하는 효과를 낸다"고 말한다. 굳이 멀리 떨어진 휴양림을 찾지 않아도 된다. 간단히 음식을 싸들고 초록이 가득한 공원에 돗자리 하나를 펼쳐 놓아도 우리는 나무와 숲이 주는 행복을 담뿍 담아갈 수 있다.

힐링이 필요한 순간, 나무가 빽빽이 들어찬 곳을 걸어보자.

나무와 이야기를 나누고 툭툭 몸을 부딪히다 보면 행복이 그득히 차오른다.

바쁜 일상에 젖어 살수록 우리는 나무와 숲을 찾아야 한다.
답답한 우리의 몸과 마음에 나무와 숲은 쉼을 주기 때문이다.
아름드리나무를 안고 있으면 엄마 품에 안긴 것처럼
기분이 좋고, 울울창창한 숲에서 나무등치에 기대 앉아 있으면
세상만사 부러울 것이 없다.

15 _ 건강한 육신을 위한
예방주사, 일광욕

따뜻한 햇살에 잠시 몸을 맡기고 있노라면 부지불식간에 입 꼬리가 올라간다. 햇볕 샤워만으로 잔뜩 굳었던 몸이 나긋나긋해지고 얼어붙었던 마음이 스르르 풀리기 때문이다. 일광욕을 하면 몸 구석구석 혈액이 왕성히 돌아서 뭉친 근육이 잘 풀리고 행복호르몬인 세로토닌이 차올라서 우울함도 쉽게 사라진다.

진정한 행복이 물질이나 권력 같은 세속적인 것에 있지 않다고 주장했던 견유학파 철학자 디오게네스도 이런 사실을 알았던가 보다. 그는 햇볕을 쬐며 깊은 사색에 잠기는 일만으로 참된 행복을 얻었기에, 평생 작은 통 안에서 철학적 유희를 즐기며 사는 것만으로 만족했다. 그러나 무소유를 실천한 디오게네스도 햇볕을 쬐는 일만은 잠시라도 포기할 수 없었던가 보다.

헬레니즘시대를 연 마케도니아의 알렉산더 대왕이 디오게네스의 명성을 듣고 그를 찾아왔을 때의 재미있는 일화가 역사 속에 전해진다. 알렉산더 대왕이 디오게네스가 살고 있는 통 앞에 서서 소원을 들어주겠다고 했더니, 디오게네스는 유유자적 "당신이 내 앞을 가로막아 그늘이 졌으니, 햇빛을 가리지 말라"는 짧은 말로 알렉산더 대왕을 돌려보냈다는 이야기다. 알렉산더 대왕이 들어준다는 그 어떤 소원에도 디오게네스가 욕심을 내지 않았던 까닭은, 내리쬐는 태양을 즐기며 자족하며 사는 것만으로도 그 어떤 풍요로운 삶에 비견되지 않을 행복을 얻을 수 있다는 사실을 깨우쳤기 때문이 아닐까 싶다.

햇볕을 쬐는 것만으로 우리가 행복해지는 이유는 이미 수많은 연구로 밝혀져 있다. 햇볕이 내리쬐는 맑은 날과 햇볕이 없는 흐린 날 각각 인체의 세로토닌 농도를 조사한 호주 연구에서, 흐린 날보다 맑은 날에 세로토닌의 혈중 농도가 크게 올라가는 결과를 봤다고 한다. 요즘은 우울증이 생기면 행복호르몬인 세로토닌이 부족하다는 사실이 밝혀지면서, 우울증 환자에게 세로토닌 약물을 처방하고 있다.

마음이 힘들면 잠을 못 이루며 불면증에 시달리는데, 일광욕은 불면증 개선에도 효과적이다. 의학자들은 "낮에 햇볕을 쬐면 뇌가 깨야 할 시간과 자야 할 시간을 인식하고, 수면을 유도하는 멜라토닌 호르몬을 원활하게 분비하게 만들기 때문"이라고 말한다. 이외에, 일광욕이 우리에게 행복을 가져다주는 여러 이유들이 연구를 통해 밝혀져 있다.

우선 햇볕을 자주 쬐면 우리는 무병장수의 꿈에 더 가까이 다가설 수 있다. 햇볕에 몸을 맡기는 것만으로 우리 몸속 면역력이 높아져서 각종 질병의 위험이 줄어든다. 스웨덴 룬드대학 하칸 올슨 박사팀이 햇볕 쬐기와 건강의 상관관계를 조사했는데, 일광욕을 즐기는 사람일수록 수명이 길었고, 당뇨병, 색전증, 암 같은 각종 질병 위험이 낮았다. 영국 워릭대학 오스카 프랑코 교수팀도 햇볕을 쬘 때 저절로 생성되는 '비타민D'와 성인병의 온상으로 떠오르는 '대사증후군'의 관계를 분석했는데, 혈액 내 비타민D 수치가 높을수록 대사증후군 위험이 줄었다.

미국 하버드대학 토마스 왕 교수팀도 5년간 1,739명의 혈액 내 비타민D 수치와 심장마비, 뇌졸중 같은 치명적인 심뇌혈관질환의 발병 위험 관계를 분석했다. 연구 결과, 비타민D 수치가 부족한 사람이 비타민D 수치가 정상인 사람보다 치명적인 심뇌혈관질환이 생길 위험이 60% 높았다. 평소에 일광욕을 통해 비타민D 수치를 올려놓으

면, 우리 몸속 면역체계가 특정 물질에 호들갑을 떠는 '알레르기' 반
응 위험도 줄어든다.

미국 알버트아인슈타인의과대학 연구팀이 어린이 3,136명의 혈액
내 비타민D 농도와 알레르기 반응의 위험을 분석했더니, 비타민D가
정상인 아이는 비타민D가 부족한 아이보다 땅콩, 개, 새우 같은 음식
에 알레르기 반응을 덜 보였다. 또 비타민D 수치를 올려두면 감기나
독감에도 덜 걸린다. 미국 콜로라도대학 에디트 진디 교수팀에 따르
면, 혈액 내 비타민D 농도가 정상인 사람은 비타민D 농도가 떨어져
있는 사람보다 감기나 독감에 덜 걸렸다. 햇볕 샤워를 즐기면 독감
예방접종 주사를 맞는 것보다 질병 예방 효과가 더 높다는 일본 지케
이의대 연구도 있다.

일광욕이 해피 바이러스인 이유는 여기에 그치지 않는다. 햇볕을
쬐는 것만으로 키 성장이 촉진되고, 체중 조절도 더 쉬워진다는 연구
결과가 그 이유다. 혈액 내에 비타민D가 부족한 청소년은 작고 뚱뚱
해진다는 캐나다 맥길대학 연구 결과가 있다. 의학자들은 "비타민D
가 부족한 아이는 뼈가 튼튼하게 자라지 않는다"며 "게다가 세로토
닌이 부족하면 식욕이 올라가고 근육 틈틈이 지방이 들어차서 근력
발달을 저해하기 때문에 더 뚱뚱해진다"고 설명한다.

또한, 일광욕을 자주 해서 비타민D를 충분히 충전해놓은 사람

은 근육이나 뼈를 손상시킬 위험마저 줄어든다. 미국 스포츠의학정형외과협회에서 미식축구 선수 89명의 비타민D 수치가 근육 손상에 미친 영향을 살펴봤는데, 비타민D 수치가 낮을수록 근육 부상이 잦았다. 또, 영국 브리스톨대학 존 토비어스 박사팀이 임신부 1만 4,000여 명의 혈중 비타민D 수치를 임신 7개월 때 측정하고, 아이가 열 살 되는 해에 아이의 뼈 발달 정도를 X-ray로 찍어봤다. 연구 결과, 임신 7개월에 비타민D 농도가 높았던 엄마에게 태어난 아이가 비타민D 농도가 낮았던 엄마에게 태어난 아이보다 뼈가 더 길었고 더 튼튼했다.

게다가 햇볕 샤워를 즐기면 남성은 건강한 정자를 얻을 수 있고, 여성은 생리통도 줄일 수 있다고 한다. 덴마크 코펜하겐대학 연구팀이 성인 남성의 정자와 혈중 비타민D 농도의 관련성을 조사했더니, 혈중 비타민D 농도가 높은 남성의 정자는 움직임이 활발하고 난자의 막도 잘 뚫었다. 또 이탈리아 메시나대학 연구팀이 생리통을 앓는 여성의 혈액 내 비타민D 수치를 조사했는데, 모두 혈액 내 비타민D 수치가 정상치를 벗어나 있었다. 또한, 비타민D 수치가 낮을수록 생리통이 심했다.

이뿐 아니다. 비타민D는 눈 건강에도 도움을 준다. 비타민D가 충분한 노인은 실명을 유발하는 질환인 노인성 황반변성의 위험이 낮다는 미국 버팔로대학의 연구 결과가 있다. 또한, 일광욕을 즐기면 뇌 기능도 강화된다. 영국 멘체스터대학 데이비드 리 교수팀이 40~79세 3,133명의 혈중 비타민D 농도와 기억력, 판단력 같은 인지 기능을 테스트했는데, 혈중 비타민D 농도가 높은 사람은 인지기능이 뛰어났지만 비타민D 농도가 떨어져 있는 사람은 인지기능이 떨어져 있었다. 특히 60세가 넘었을 때 이런 상관관계가 더 뚜렷하게 나왔다. 의학자들은 "세로토닌은 마음을 안정시키는 효과 외에 두뇌 활동을 증가시키는 효과도 있기 때문"이라고 설명한다.

몸도 마음도 심하게 지쳐서 걸을 힘조차 없을 때면 아무 계단이나 벤치에 기대앉아 따뜻한 햇살에 잠깐 몸을 의탁한다. 기미나 주근깨 같은 피부질환이 생길까 께름칙해 하는 이가 있다면 먼저 들여보내고, 혼자 햇살을 맘껏 음미한다. 그렇게 10여 분을 보내고 나면 드라마 〈최고의 사랑〉 속 독고진(차승원)마냥 '충전!'을 외칠 만큼 몸도 마음도 힘을 얻는다. 또 햇볕에 노곤해진 몸을 일으켜서 서늘한 공기의 일터로 들어서면 정신도 번쩍 들고 몸도 화들짝 깨어난다. 이런 몸과 마음의 변화를 느끼는 일이 즐거워서 바쁜 일과에도 해바라기를 포

기할 수가 없다. 주로 실내 생활을 하고 외출할 때면 자외선 차단제를 꼼꼼히 바르는 대부분의 현대인들이 비타민D 결핍에 시달린다고 하는데, 나에게는 해당 사항 없음이다.

일광욕은 젊은 때부터 습관을 들이는 게 좋다. 우유빛깔 피부를 원해서 햇볕을 너무 피해 다니다간 나중에 질병에 시달릴 가능성이 크다. 미국 미시간대학 플로조니 그리핀 교수팀이 여성 559명을 15년 동안 관찰했는데, 젊어서 비타민D 수치가 떨어져 있던 여성은 중년이 된 뒤 고혈압에 걸릴 위험이 3배나 올라갔다.

특히 살이 찐 사람은 일광욕 습관으로 비타민D를 충분히 충전해 놓는 것이 필요하다. 노르웨이 리크스라디움병원 조야 라구노바 박사팀이 1,800여 명을 대상으로 체질량지수와 체내 비타민D의 관계를 조사했더니, 체질량지수가 높은 사람일수록 체내 비타민D 농도가 떨어져 있었다.

또한 여성은 평소 일광욕을 피한다 하더라도 생리를 하기 전에는 일광욕을 해두는 것이 좋다. 남성은 성호르몬 분비가 일정하지만, 여성은 매월 배란일을 주기로 성호르몬 리듬이 급변한다. 그런데, 여성 호르몬이 적어지면 세로토닌의 분비도 같이 적어진다고 한다. 세로토닌은 감정 조절을 돕기 때문에, 여성이 생리를 하기 전에 일광욕을 해두면 민감한 날을 민감하지 않고 행복하게 보낼 수 있다.

만성질환을 앓는 사람도 일광욕을 습관화하는 것이 좋다. 미국 하버드대학 토마스 왕 교수팀이 고혈압 환자를 비타민D 수치가 부족한 사람과 정상인 사람으로 나눠서 심장마비나 뇌졸중 같은 치명적인 합병증이 얼마나 잘 생기나 봤더니, 비타민D가 부족한 고혈압 환자가 비타민D가 정상인 고혈압 환자보다 치명적인 합병증 위험이 2배였다. 또한 미국 콜로라도 대학 에디트 진디 교수팀의 연구에 따르면, 혈액 내 비타민D 수치가 떨어져 있으면 만성폐쇄성폐질환을 앓을 때 감기나 독감에 걸릴 위험이 2배였고, 천식을 앓을 때도 비타민D 농도가 정상 이하일 때 호흡기 질환에 걸릴 위험이 5배나 됐다.

그러나 일광욕을 지나치게 오래하거나 너무 자외선이 강할 때 하면 피부 건강에 좋지 않다. 일광욕은 하루 20~30분이 적당하다. 또 평소에는 정오에 해바라기를 즐기는 것이 좋지만, 여름에는 아침 10시쯤이나 오후 4~5시에 하는 것이 좋다. 일광욕은 햇볕 외에도 기온과 습도, 바람, 공기 등의 영향을 받기 때문에, 공기가 맑고 소음이 적은 곳에서 할수록 더 행복해질 수 있다. 특히 조용한 숲에서 일광욕을 즐기면 피톤치드의 효과까지 볼 수 있고, 파도가 끊임없이 밀려오는 바닷가나 산 속 폭포수 앞에서 일광욕을 즐기면 음이온의 효과까지 덤으로 얻을 수 있다.

일광욕 효과를 제대로 보려면 자외선 차단제를 바르지 않고, 피부를 되도록 햇볕에 많이 노출시키는 것이 좋다. 또한 유리를 씌운 창가나 베란다에서 일광욕을 하면 피부가 제대로 비타민D를 합성하지 못한다고 한다. 비타민D 합성을 돕는 자외선 UVB는 유리를 통과하지 못하기 때문이다. 하루 20~30분 시간을 내서 밖에서 해바라기를 하면 행복호르몬인 세로토닌과 건강비타민인 비타민D가 몸 안에 충분히 만들어진다.

이유 없이 짜증이 날 때는 잠깐 해바라기를 해보자.

햇님의 따뜻한 미소에 덩달아 함박웃음이 지어질 터다.

따뜻한 햇살에 잠시 몸을 맡기고 있노라면 부지불식간에
입 꼬리가 올라간다. 햇볕 샤워만으로 잔뜩 굳었던 몸이 나긋나긋해지고
얼어붙었던 마음이 스르르 풀리기 때문이다. 일광욕을 하면 몸 구석구석
혈액이 왕성히 돌기 때문에 뭉친 근육이 잘 풀리고
행복호르몬인 세로토닌이 차올라서 우울함도 쉽게 사라진다.

16_ 함께하는 모임이 없으면 천국도 갈 곳이 못 된다

"사람이 없으면 천국도 갈 곳이 못 된다"는 레바논 격언이 있다. '사람'이 옆에 있고 없고가 행복에 얼마나 지대한 영향을 미치는지 가늠하고도 남을 말이다. 우리는 집 안에 혼자 머무를 때보다 사람들과 만나 소통을 할 때 더 큰 기쁨을 느낀다. 동네, 학교, 직장 할 것 없이 어느 곳이든 반상회나 서클, 동아리, 동호회 같은 모임이 만들어지는 까닭도 여기에 있지 않을까 싶다.

사람과 사람이 만날 때 생기는 에너지 충돌은 우리를 행복으로 인도한다. 드라마나 영화에서 흔히 보듯 모임에서 누군가는 사랑을 찾고, 누군가는 진한 우정을 나누며, 누군가는 위안을 얻는다. 또 모임에서 사람들과 웃고 떠들며 더불어 사는 기쁨을 누릴 때, 우리는 인간의 가치에 눈을 뜨게 되고 자신과 타인을 소중한 사람으로 대하는 법을 익힌다.

게다가 어느 모임이든 마음이 통하고 응원해주는 사람 한두 명은 있기 마련이어서 모임에 활발히 참여하는 사람은 모임 참여를 꺼려하는 사람보다 행복을 느낄 수밖에 없다. 영국 허트포드샤이어대학 연구팀이 영국, 캐나다, 벨기에, 이탈리아, 폴란드, 루마니아 6개국에서 소모임 활동과 행복의 관계를 분석했는데, 소모임 활동을 하는 그룹은 그렇지 않은 그룹보다 행복 지수가 더 올라가 있었다.

모임 활동이 잦은 사람은 무슨 일이든 건강하게 받아들여서 행복해지는 경향을 보인다. 미국 매사추세츠종합병원 리사 바렛 박사팀이 19~83세 58명에게 각자 참여하는 정기 모임 수를 조사한 뒤 MRI(자기공명영상)로 뇌를 찍어서, 참여하는 모임 수에 따른 뇌 변화를 분석했다. 그 결과, 정기적으로 참여하는 모임 수가 많은 사람일수록 정서와 인지능력에 중요한 역할을 하는 편도체 크기가 컸다. 특정 뇌 부위가 크면 그 뇌 부위가 담당하는 역할이 강화되는데, 모임에 자주 참여하는 사람일수록 건강하게 느끼고 생각하는 셈이다.

또 고령층은 활발할수록 치매 위험이 떨어진다. 미국 하버드대학 카렌 에르텔 박사팀이 6년간 50세 이상 1만 7,000명가량의 사회활동 정도를 파악하고 기억력 테스트를 했는데, 사회활동이 가장 활발한 그룹과 사회활동이 가장 저조한 그룹의 기억력 감퇴 차이가 2배에 달했다. 기억력 감퇴 속도가 떨어질수록 치매 위험은 낮아진다.

모임 자리에서는 당연히 타인과 함께 시간을 보내게 되는데, 이때 우리의 몸과 마음이 따뜻해져서 혼자일 때보다 행복 지수가 더 올라간다고 한다. 미국 시카고대학, 하버드대학, 캘리포니아대학 공동 연구팀이 1만 명가량을 대상으로 인간관계가 인간에게 미치는 영향에 대해 조사를 했더니, 인간관계가 없는 사람은 춥다는 감정과 함께 몸까지 춥다고 느꼈고 잘 화내거나 우울해하는 경향을 보였다. 재미있는 것은 인간관계가 소원한지 원활한지 생각하는 것만으로, 우리 몸과 마음이 반응을 보인다는 사실이다.

모임에 활발히 참여할수록 우리 몸이 건강해진다는 데 다양한 이유가 제기되고 있다. 우선 많은 모임에 참여할수록 스트레스에 견디는 힘이 강해진다고 한다. 호주 퀸즐랜드대학 자넬리 존스 박사팀이 대학생 56명에게 참여하는 모임 수를 조사한 다음 얼음물에 손을 넣고 얼마나 견디는지 실험했는데, 5개 모임에 참여하는 그룹이 1개 모임에 참여하는 그룹보다 얼음물에서 2배 긴 시간을 버텼다.

또 모임에 활발히 참여할수록 심뇌혈관질환 위험도 낮아진다. 미국 시카고대학 루이스 호클리 박사팀이 50~68세 229명에게 평소 참여하는 사교모임 수를 조사한 뒤 혈압을 쟀는데, 참여하는 사교모임이 많고 사교모임에서 즐거움을 느낄수록 혈압이 정상 수치에 가까웠다. 요즘은 외로운 사람일수록 체내 면역 기능이 떨어지기 때문에, 사교모임을 안 할수록 암이나 감염병 등 온갖 질환에 걸릴 위험이 올라간다는 주장도 있다.

반면 활발히 모임에 참여하면 질병의 치유와 예방에도 도움이 된다. 특히 과거에 같은 질병을 앓은 사람이 현재 질병을 앓는 사람과 함께하면 치료 효과가 크게 올라간다고 한다. 미국 미시건의과대학 폴 파이퍼 박사팀이 현재 우울증을 앓는 사람이 과거 우울증을 앓았던 사람과 함께 시간을 보낼 때 어떤 변화가 생기는지 14개 논문을 분석했더니, 우울증 치료제를 복용하는 것보다 치료 효과가 더 높았다.

또 모임은 운동 같은 몸에 좋은 건강습관을 들이는 데도 효과적이다. 스웨덴 카롤린스카대학병원 에릭 헤밍슨 박사팀이 30∼60세 비만 여성 120명을 매주 2회 모임을 가진 그룹과 매주 3회 이상 모임을 가진 그룹으로 나눠서 운동 실천을 얼마나 잘 하는지 조사했다. 그 결과, 2km 이상 자전거를 탄 사람이 매주 2회 모임을 가진 그룹은 9%, 매주 3회 이상 모임을 가진 그룹은 39%로 잦은 모임이 좋은 건강 행태에 도움이 됐다.

이러한 까닭에 모임에 활발히 참여하는 사람일수록 각종 질병으로 장애를 겪을 위험이 낮고, 오래 산다고 한다. 미국 러쉬대학 브라이언 제임스 박사팀이 노년층 1,000여 명의 과거 사회활동 정도와 현재 일상생활의 연관성을 분석했는데, 과거 사회활동이 활발했던 사람일수록 현재 혼자 밥을 먹거나 옷을 입거나 씻는 활동이 자유로울 가능성이 컸다. 또, 미국 캘리포니아대학 캔디스 크뢴케 박사팀이 유방암 환자 3,000여 명의 사망 위험을 사회활동 참여 정도에 따라 분석해봤더니, 사회활동에 활발히 참여했던 사람은 사회활동을 전혀 하지 않은 사람보다 사망 위험이 낮았다. 혈압이나 콜레스테롤 수치를 떨어뜨리기 위한 치료보다 활발한 사회활동이 수명 연장에 더 긍정적인 영향을 미치는 것이다.

비슷한 아픔을 가진 사람들, 비슷한 취미를 가진 사람들, 비슷한 정보를 필요로 하는 사람들이 모여서 소통하는 모임들이 온라인이든 오프라인이든 가리지 않고 우후죽순 생겨나고 있다. 심리학자들은 "사회가 점차 각박해진 요즘, 다양한 모임이 더 많아지는 이유는 여러 모임에 활발히 참여할수록 행복에 더 가까워질 수 있다는 것을 많은 사람들이 무의식적으로 알고 있기 때문"이라고 말한다. 대표적으

로 똑같은 병을 앓는 사람들과 가족들이 모이는 환자모임이 그렇다. 의학자들은 서로의 아픔을 나누고, 병을 극복하는 데 도움이 되는 정보를 공유하며, 서로에게 알게 모르게 힘을 주기 때문에 환자모임에 참여하는 사람들은 행복에 조금 더 가까이 다가설 수 있다고 입을 모은다.

대체로 경한 병일 때보다 치유가 어려운 병일 때 모임 활동이 더 활발한 역설적인 현상이 나타나는데, 공감 코드가 생각보다 커다란 파워를 지녔다는 사실을 모든 사람들이 부지불식간에 알고 있기 때문이 아닌가 싶다. 게다가 모임을 이용하면 경비는 줄이면서 높은 효과를 보게 된다. 행글라이더 같은 특수하고 값비싼 취미활동을 할 때 여러 동호회 회원과 함께 날을 정해서 하면 비용을 조금이라도 낮출 수 있다. 또 여행 동호회에서 주고받은 정보로 자신에게 맞는 여행 일정을 짜면 비용 대비 만족할 만한 여행을 즐길 수 있다.

무언가를 배울 때도 모임은 도움이 된다. 한 선배 여기자는 스페인의 산티아고 길을 걸으며 다양한 나라 사람과 함께 이야기를 나눠보겠다는 꿈을 실현하기 위해서 매주 주말마다 강남의 한 외국어학원에서 스페인어를 배우곤 했는데, 학원 강좌에서 만난 사람들과 함께 스터디를 한 것이 언어를 익히는 데 도움이 됐다고 말한다. 스터디에서 만난 사람들은 같은 목적을 갖고 있으니 학습 동기가 강화되어 언어를 배우는 속도가 빨라질 수밖에 없다.

특히 모임 활동은 혼란스런 시기일수록 더 도움이 된다. 부모와 학교의 보호막에 덮여 살다가 갑자기 뻥 뚫린 자유를 만끽하는 대학 새내기들에게는 동아리나 동호회 같은 모임이 도움이 된다. 앞선 선배들의 경험을 듣고 같은 고민을 하는 또래와 자연스레 어울리다 보면 마음이 안정되고, 어떤 일을 해야 할지, 자신이 무엇을 좋아하는지, 어떤 경험을 쌓을지 청사진이 그려진다. 또 자신과 완전히 다른 삶을 살아온 다양한 타인을 만날 때, 우리는 신세계에 발을 디딘 것처럼 경이로운 체험을 하게 된다. 그래서 스스로도 완전히 다른 삶을 꿈꾸며 변화하기도 한다. 게다가 소통을 하면서 그네들의 삶이 우리네 삶과 크게 다르지 않다는 사실을 알게 됐을 때의 기쁨도 꽤 크다.

많은 모임에 참여할수록 행복 지수가 올라간다는 연구 결과가 있긴 하지만 그게 전부는 아니다. 사실 모임 활동을 할 때는 얼마나 다양한 모임에 참여했느냐보다 한 가지 모임이라도 얼마나 활발히 참여하며 사람들과 친밀해졌는가에 집중해야 더 행복해질 수 있다. 미국 매사추세츠공과대학(MIT) 테이먼 센톨라 교수팀이 온라인 건강 모임 회원 1,528명을 대상으로 여러 건강 모임에 참여하는 그룹과 한 군데 건강 모임에 활발히 참여하는 그룹으로 나눠서 건강 행태를 조사했다. 연구 결과, 여러 건강 모임에 참여하는 그룹보다 한 군데 건강 모임에 활발히 참여하는 그룹이 실제 건강 강좌에 더 많이 참여했고, 건강 행태에 더 빨리 적응했다. 모임 수보다 참여하는 모임에 대한 신뢰도, 사람 간의 친밀도가 더 중요한 요소임을 반증하는 결과가 아닐까 싶다.

또한, 모임 활동을 할 때는 피동적인 자세보다 능동적인 자세가 우리네 행복에 좋은 영향을 미친다. 어색한 첫 모임, 뚱하게 앉아 있기보다 낯선 사람에게 먼저 미소를 보내고 인사를 해보자. 잠깐 쑥스러워도 기분은 한껏 좋아지게 마련이다. 또 모임 활동이 뜸할 때는 스스로 번개 모임을 만들어서 사람들을 모아보자. '누군가 모임을 주선하겠지' 생각하면서 외로운 시간을 보내는 것보다 스스로 모임의 주체가 되어 행복의 주도권을 잡는 것이 낫지 않겠는가.

행복해지고 싶다면 언제든 문을 두드리자.

밝게 웃는 얼굴들이 당신을 따뜻하게 맞아줄 것이다.

드라마나 영화에서 흔히 보듯 모임에서 누군가는 사랑을 찾고,
누군가는 진한 우정을 나누며, 누군가는 위안을 얻는다.
또 모임에서 사람들과 웃고 떠들며 더불어 사는 기쁨을 누릴 때,
우리는 인간의 가치에 눈을 뜨게 되고 자신과 타인을
소중한 사람으로 대하는 법을 익힌다.

17_동물의 이목구비에 당신의 행복했던 과거가 머문다

개나 고양이를 품에 안고 따뜻한 온기를 나누며 작은 심장 박동과 따스한 숨결을 느끼노라면, 마음이 편안하고 어느덧 행복해짐을 느낀다. 반려동물은 때론 아기 같고, 때론 친구 같으며, 때론 연인 같고, 때론 부모 같은 친밀한 존재여서 함께하는 것만으로 우리의 삶을 충만하게 만들어 준다.

반려동물은 인간의 삶에 희망이자 원동력 같은 존재다. 우리나라 옴니버스 영화 〈미안해, 고마워〉에서 노숙자 영진(김영민)에게 반려동물은 삶의 희망이다. 개 쭈쭈와 유일하게 마음을 나누며 거리를 떠도는 영진은 쭈쭈가 병에 걸리고부터 치료비를 벌기 위해 다시 일을 시작하게 된다. 절망하며 떠나왔던 자리에 다시 다가서기는 결코 쉬운 일이 아니었을 것이다. 그러나 삶의 희망인 쭈쭈를 놓치지 않기 위해 영진은 힘을 낸다.

영진과 비슷하게 미국 조지 H. W. 부시 전前 대통령에게도 반려동물은 삶의 원동력이다. 그의 아내 바버라 부시 여사는 제니퍼 보즈웰 피컨스가 펴낸《백악관의 애완동물》이라는 책에서 "세계에서 가장 힘든 직업인 대통령에게 개의 조건 없는 사랑만한 것이 없다"고 말할 바 있다. 삶의 희망이자 원동력이 되어주는 존재가 있다는 것은 곧 우리의 삶이 행복으로 물든다는 뜻과 같다. '우리를 행복하게 하는 것'에 대해 묻는 한 설문조사에서 3명 중 1명이 '반려동물'이라고 답한 바 있다. 영국의 한 일간지도 자녀를 행복하게 해주는 10가지 방법 중 하나로 반려동물 키우기를 꼽았다. 국내에 반려동물을 키우는 집이 여섯 집 가운데 한 집 꼴(17.4%)이라는 국립수의과학검역원의 조사가 있는데, 이렇게 많은 사람들이 반려동물을 키우는 데는 그럴 만한 까닭이 있었던 셈이다.

반려동물과 함께 시간을 보내면 우리 몸에서 행복호르몬의 분비가 왕성해진다고 한다. 일본 아주바대학 연구팀이 개를 키우는 사람에게 30분간 개와 눈을 자주 맞추며 시간을 보내게 한 뒤 소변검사를 해서 행복호르몬이자 사랑의 호르몬으로 알려진 옥시토신의 변화를 살폈는데, 옥시토신 분비량이 20％나 늘어나 있었다. 개나 고양이 같은 반려동물과 함께 시간을 보내다 보면 당연히 눈을 맞추며 대화를 나누거나 쓰다듬게 되는데, 이때 저절로 옥시토신이 분비가 돼 우리가 행복해지는 것이다. 이외에도 반려동물을 키울 때 우리가 행복해지는 까닭은 수없이 많다.

우선 반려동물과 함께 시간을 보내면 성인은 스트레스가 줄고, 노인은 덜 우울해 하며, 아이들은 사회성이 높아진다고 한다. 스트레스 지수와 혈압은 정비례하는데, 스트레스 지수가 높은 성인이 반려동물을 쓰다듬으면 혈압이 내려간다는 연구 결과가 있다. 또 미국노인병학회는 반려동물을 키우는 노인은 반려동물을 키우지 않는 노인보다 우울 점수가 낮다는 연구 결과를 발표한 바 있다. 치매를 앓는 노인도 애완동물과 함께 시간을 보낼 때 불안 수치가 줄어든다는 연구가 있는데, 불안 감소와 동시에 운동량이 늘고 사람들과 어울리는 시간이 길어지는 부가적인 효과도 얻게 된다고 한다.

또 삼성복지재단과 원광대학, 숭실대학, 대구대학 공동연구팀이 맞벌이 부부 자녀에게 개를 2년간 키우게 한 뒤 어떤 변화가 일어났는지 살펴봤는데, 아이들의 성격이 개를 키우기 전보다 활달해지고 또래친구들과도 더 잘 어울렸다.

반려동물을 키우면 우리의 몸도 건강해진다. 반려동물과 함께 시간을 보내면 혈압과 콜레스테롤 수치가 떨어진다는 영국 퀸스대학의 연구 결과가 있다. 그래서 반려동물을 키우는 사람은 심뇌혈관질환 위험마저 크게 준다. 미국 미니애폴리스대학 애드넌 쿠레시 박사팀이 국민건강영양조사에 참여한 35~75세 4,500여 명의 10년 치 자료를 분석했더니, 고양이를 키우는 사람의 뇌졸중 위험이 30% 떨어져 있었다.

게다가 반려동물은 통증을 줄이는 데도 효과적이다. 미국 로욜라대학 프란세스 블라세스 박사팀이 인공관절수술을 받은 사람들에게 훈련을 받은 반려동물과 함께 생활하게 했는데, 똑같이 치료를 받은 사람들에 비해 진통제 사용량이 절반에 불과했다고 한다. 이뿐 아니다. 반려동물을 키우는 사람은 면역력이 강해져서 온갖 질환의 발병 위험이 떨어진다고 한다. 미국 캘리포니아패시픽병원 그레고리 트래나 박사팀은 반려동물을 키우는 사람이 반려동물을 키우지 않는 사람보다 세균 감염이나 알레르기질환, 천식에 더 강해진다는 연구 결과를 내놓은 바 있다. 일부 의학자들은 "반려동물을 키우면 더 많은 감염 위험에 노출돼 장기적으로는 면역력이 더 강해진다"고 주장한다.

반려동물과 함께할 때 우리의 몸이 건강해지는 다른 이유들도 많다. 바로 건강 행태가 개선된다는 것이다. 반려동물을 키우는 사람은 반려동물을 키우지 않는 사람보다 금연 가능성이 크고, 야채와 과일을 더 먹게 된다는 각각의 연구 결과가 있다. 반려동물에게 간접흡연의 위해를 없애기 위해 금연하고 반려동물의 건강을 위해 야채와 과일을 챙겨 먹이다 보니 스스로 건강해진다는 것이다. 게다가 같은 운동도 반려동물과 함께 하면 더 높은 운동 효과를 본다고 한다.

미국 미주리대학 레베카 존슨 교수팀이 매주 5일씩 12주간 개와 함께 걷기운동을 한 그룹, 배우자나 친구와 걷기운동을 한 그룹으로 나눠서 운동 효과를 비교했다. 연구 결과, 개와 함께 걸은 그룹이 배우자나 친구와 함께 걸은 그룹보다 걷는 속도가 더 빠르고 운동량이 더 많았다. 또 반려동물이 있는 사람은 반려동물이 없는 사람보다 운동하는 시간이 길었는데, 개와 함께할 때는 1주일에 8시간 11분, 혼자 할 때는 1시간 20분 동안 운동을 한다는 영국 조사가 있다.

반려동물과 운동할 때 세계보건기구(WHO)에서 권장하는 운동량보다 훨씬 많은 운동을 하게 되는 셈인데, 이렇게 운동 시간이 길어지는 까닭도 반려동물에 있었다. 한 반려동물 사료회사의 조사에서 반려동물을 기르는 3명 중 2명이 매주 걷기 운동을 하는 까닭을 '개를 운동시키기 위해서'라고 꼽았다. 이 때문에 반려동물을 키우는 사람은 다이어트 효과도 톡톡히 본다. 미국 노스웨스턴대학 로버트 쿠시너 교수팀이 과체중인 92명에게 1년간 일주일에 3회 이상 30분씩 걷게 했는데, 개와 함께 걸은 그룹은 5kg, 혼자 걸은 그룹은 2.1kg의

체중이 빠졌다.

반려동물은 인간의 생명 연장에도 영향을 준다. 반려동물과 함께 사는 사람이 그렇지 않은 사람보다 2년을 더 산다고 영국 로열서리 카운티병원 크리샤 맥네어 박사는 주장한다. 병을 앓을 때도 이런 효과는 똑같이 누릴 수 있다. 똑같은 심장질환을 앓아도 반려동물을 키우는 사람이 반려동물을 키우지 않는 사람보다 생존 확률이 12% 높다는 연구 결과가 이를 뒷받침한다.

사람을 따르는 반려동물과 함께 시간을 보내면 사소한 일에도 웃게 되고 긴장의 끈도 점차 늦추게 돼 삶이 행복해진다. 고민도 많고 탈도 많았던 중고등학교 시절, 집 마당에 키우던 개 다롱이와 함께 달을 쳐다보노라면 몸도 마음도 금세 충전이 되곤 했다. 그러나 다롱이가 떠난 고등학교 2학년부터 홀로 달을 볼 때면 왜 그리 마음이 헛헛했는지.

반려동물은 단순히 자신을 키워준 사람과 그의 가족에게만 영향을 주는 것은 아닌 듯하다. 미국에서만 100만 부 이상 팔린 비키 마이런과 브렛 워터의 소설 《듀이》에서는 예쁘고 붙임성 좋은 고양이 듀이가 한 마을을 바꿔놓는 변천사가 담겨 있다. 금융 거품이 꺼지기 시작한 1988년 미국 아이오와주의 스펜서 마을은 농장이 줄도산하면서 경제가 급격히 어려워진다. 이때 공공도서관에 듀이가 찾아들고, 도서관을 찾는 사람 한 사람 한 사람을 듀이가 진심을 담아 환대한 덕분에 마을 사람들은 차츰 변화한다.

경제 사정이 나빠져서 가족과 뿔뿔이 흩어진 아이들이 듀이 덕분에 거리를 헤매지 않고 도서관으로 발걸음을 옮기고, 갈 곳 없는 실직자들도 듀이 덕분에 도서관에서 불행의 늪에서 빠져나오며, 노인들 역시 듀이 덕분에 평소보다 더 많이 웃게 된다. 듀이에 대한 대화로 점차 하나가 된 마을 사람들 이야기가 언론에 대서특필되면서 스펜서 마을은 미국 전역을 비롯해 일본, 아프리카에까지 알려진다. 듀이를 보려고 스펜서 마을을 찾는 사람들 덕분에 스펜서 마을은 다시 활력을 되찾게 된다.

반려동물이 사람에게 미치는 긍정적인 영향은 여기서 끝이 아니다. 반려동물과 함께할 때, 우리는 일면식 없는 타인과도 쉽게 대화의 물꼬를 트게 돼 행복에 더 가까이 다가서게 된다. 혼자일 때보다 타인과 함께 시간을 보낼 때 우리는 행복한데, 반려동물과 함께라면 타인과도 보다 자연스럽게 어우러질 수 있기 때문이다.

요즘은 몸과 마음이 아픈 사람의 치료에도 반려동물이 널리 쓰이고 있다. 자폐증, 치매, 뇌성마비 같은 질환 때문에 신체 기능이 떨어진 환자를 반려동물이 옆에서 돕고 환자의 마음을 위로해줘서 병을 극복하는 데 긍정적인 영향을 준다는 것이다. 또한, 반려동물은 인터넷 중독에 빠져있는 아이들이 정상적인 사회생활을 하게 이끄는 역할도 톡톡히 해낸다.

반려동물과 함께할 때 행복 지수를 좀 더 높이려면 주의해야 할 사항이 있다. 우선 반려동물을 키우는 사람은 각 동물의 독특한 습성을 파악하는 것이 필요하다. 모든 동물마다 독특한 습성이 있는데, 이런 것을 무시한 채 반려동물을 길들인다면 제대로 될 턱이 없다. 제대로 된 정보 없이 반려동물을 대하게 되면 마음처럼 되지 않는 반려동물이 미워지고, 사이도 멀어져서 행복과 점차 거리가 멀어지게 된다.

반려동물에 대해 모르는 것이 있으면 동물병원 수의사에게 묻거나 동물보호 상담전화에 문의하면 된다. 또한 반려동물에게 균형 잡힌 음식을 제때 챙겨 먹이려는 노력이 필요하다. 코코넛 오일과 같은 식물성기름이 많이 들어간 먹이를 제시간에 맞춰 줬더니, 개의 기억력이 좋아지고 훈련할 때 배우는 능력이 향상됐다는 캐나다 토론토대학의 연구 결과가 있다. 개는 사람보다 7배의 속도로 나이를 먹기 때문에 음식을 잘 챙겨 먹여야 오랜 시간 반려동물과 행복한 시간을 보낼 수 있다.

반려동물을 키울 때는 위생관리도 철저히 하고, 반려동물의 예방 접종도 신경 써서 맞춰줘야 한다. 더불어 반려동물을 키우는 사람도 매년 초가을에 구충제를 복용하도록 한다. 최근 알레르기질환이나 기생충 감염질환에 걸리는 사람이 늘고 있는데, 그 이유 중 하나가 반려동물을 키우는 가정이 늘기 때문이라는 분석도 있다. 힘없는 반려동물을 탓하기보다 이런 위험을 낮추기 위해 스스로 노력하는 것이 우리의 행복 지수를 높여준다.

삶이 팍팍할 때면 반려동물과 10초만 눈을 맞춰보자,
작은 위안과 더불어 사소한 행복이 스르르 찾아든다.

사람을 따르는 반려동물과 함께 시간을 보내면 사소한 일에도
웃게 되고 긴장의 끈도 점차 늦추게 돼 삶이 행복해진다.
고민도 많고 탈도 많았던 중고등학교 시절, 집 마당에 키우던
개 다롱이와 함께 달을 쳐다보노라면 몸도 마음도
금세 충전이 되곤 했다.

18_음악은 상처받은 영혼을 위한 최고의 치유제

"정녕 천국이 있다는 것을 의심할 수 없구나" 천재 과학자 알버트 아인슈타인이 12살의 바이올린 신동 예후디 메뉴인과 베를린 필하모니가 협연한 연주를 듣고 내지른 탄성이다. 환상적인 음악은 우리를 기쁨에 들뜨게 만들고 큰 감동마저 안겨준다. 잔잔한 선율도 마찬가지다. 조용히 귀를 기울여 듣다 보면 어느새 우리 얼굴에 잔잔한 웃음이 자리하는데, 그것이 바로 음악의 힘이 아닐까 싶다.

오스트리아를 배경으로 펼쳐지는 영화 〈사운드 오브 뮤직〉은 음악이 한 가족의 행복을 되찾고 불행을 이겨나가는 데 어떤 영향을 미치는지 보여준다. 어머니를 잃은 후 타인에게 마음의 문을 닫은 트랩

가의 일곱 남매는 매번 가정교사를 골탕먹여 쫓아내는 데 기를 쓴다. 그러던 중 새로 온 가정교사 마리아(줄리 앤드류스)에게 노래를 배우며 세상과 따뜻하게 소통을 시작하게 된다.

아내를 잃은 후 삶에서 노래를 잃어버린 트랩 대령(크리스토퍼 플러머)도 노래하는 아이들의 사랑스러운 모습에 엄격함 대신 따뜻함으로 다가가게 되고, 아이들에 대한 사랑을 일깨워준 마리아에게 애정을 느끼며 행복의 문을 두드린다. 트랩 대령과 마리아의 결합으로 한 가족이 된 이들 앞에 나치의 검은 그림자가 드리워지지만, 트랩 대령은 가족과 함께 합창대회에 참석하는 트릭을 써서 무사히 오스트리아를 빠져나간다. 진정한 음악은 우리에게 불의보다 선의를, 비인간적인 것보다 인간적인 것을 택하게 만드는 힘이 있기에 음악이 트랩 가문의 행복에 길잡이를 한 셈이다.

음악은 듣기, 따라 부르기, 연주하기 같이 다양한 방법으로 즐길 수 있는데, 이중 가장 소극적인 음악 감상만으로도 우리는 충분히 행복에 도달할 수 있다고 한다. 캐나다 맥길대학 바로리 사림푸어 박사팀이 음악을 들은 후 행복호르몬의 하나인 도파민 수치를 측정했더니 음악을 듣기 전보다 6~9% 상승해 있었다.

또, 짧은 순간이라도 행복한 음악을 들으면 타인의 긍정적인 감정을 잘 찾아낼 수 있기 때문에 좋은 인간관계를 맺기 쉬워진다고 한다. 영국 런던대학 조이딥 비하타차야 박사팀이 15초간 들은 음악이 타인의 감정을 읽는 데 어떤 영향을 미치는지 봤더니, 행복한 음악을 들은 사람일수록 타인의 얼굴에서 행복한 감정을 잘 읽었다. 로맨틱한 음악도 사랑을 얻는 데 도움을 줘서 우리를 행복으로 이끈다. 프랑스 브르타뉴쉬드대학 니콜라스 게강 교수팀이 87명의 여성을 로맨틱한 음악을 들은 그룹과 그렇지 않은 그룹으로 나눠서 처음 만난 남성과 토론을 하게 한 다음 연락처를 알려주는 비율을 조사했다. 그 결과, 로맨틱한 음악을 들은 여성 그룹은 52%가 연락처를 내놓았지만 로맨틱하지 않은 음악을 들은 여성 그룹은 28%만 연락처를 알려줬다.

음악은 우리의 몸과 마음을 치유하는 힘도 가지고 있다. 특히 불안하거나 우울한 감정을 줄여주는 데 음악은 탁월한 효과를 낸다. 미국 시애틀건강연구센터 연구팀이 불안 증세가 있는 사람에게 12주간 음악을 들으며 심호흡을 하게 했더니, 불안감이 40%나 줄었다. 우울증 환자에게 음악치료를 했더니 우울증 치료 효과가 높아졌다는 영국 연구 결과도 있다. 특히 음악은 우리의 혈관 건강에도 지대한 영향을 미친다.

일본 오사카의과대학 에리 에구치 박사팀이 40~74세 중노년층에게 매일 한 시간씩 음악을 듣고 노래를 부르면서 스트레칭을 하게 했더니, 아무것도 하지 않은 사람보다 혈압이 6mmHg 떨어졌다. 의학자들은 "음악이 감정을 달래는 뇌의 변연계에 영향을 미치는 데다 스트레스호르몬인 코티솔 수치를 낮추는 데 기여해서 심뇌혈관질환 위험을 낮춘다"고 말한다. 게다가, 음악은 암 치료에도 도움이 된다. 유방암 환자에게 음악을 한 달간 계속 듣게 했더니 종양 크기가 줄어들었다는 연구 결과도 있다. 의학자들은 "음악이 우울, 불안, 고통을 줄여서 면역력을 강화시켰기 때문"에 이런 효과를 낸 것으로 본다.

더불어, 한세대학 음악치료학과 연구팀이 말기 암 환자 100명에게 일주일에 2회씩 음악치료를 했는데, 통증이 음악치료 전보다 3분의 1 수준으로 떨어졌다.

이뿐 아니다. 음악은 성장과 발달도 돕는다. 캐나다 앨버타대학 마노지 쿠마 교수팀이 음악이 조산아의 성장과 발달에 미치는 영향에 대한 9개 논문을 분석했다. 연구 결과, 음악을 들은 조산아는 입으로 영양 섭취를 더 잘해서 몸무게가 더 빨리 늘었고, 심장박동과 호흡도 빨리 안정됐다.

음악 교육을 꾸준히 받으면 아이의 언어 능력도 향상된다. 미국 롱아일랜드대학 연구팀이 3년 동안 꾸준히 음악 교육을 한 초등학생 그룹과 음악 교육을 하지 않은 초등학생 그룹으로 나눠서 언어능력을 비교했는데, 음악 교육을 한 초등학생 그룹이 음악 교육을 하지 않은 초등학생 그룹보다 뛰어난 언어능력을 보였다. 더불어 음악은 우리를 창의적이고 똑똑하게 해준다.

미국 밴더빌트대학 박소희 교수팀이 음악 전공자 20명과 일반인 20명의 창의성을 비교해봤는데, 음악 전공자가 일반인보다 단어연상을 더 잘 했고 똑같은 주방용품도 더 다양한 용도로 활용했다.

게다가 음악은 우리 몸의 기능 퇴화도 막는다. 크라우스 교수팀이 45~65세 음악가 그룹과 일반인 그룹으로 나눠서 시끄러운 장소에서 말하기, 듣기, 기억 능력에 대해 조사했는데, 음악가 그룹이 일반인 그룹보다 말하기와 듣기 능력이 뛰어났고 기억력도 좋았다. 70세 음악가의 청력이 50세 일반인에 버금간다는 캐나다 베이크레스트로 트맨연구소의 연구 결과도 있다. 이러한 까닭에 음악은 치매의 예방과 치료에도 도움이 된다. 호주 퀸즈랜드대학 연구팀이 기억력과 언어장애가 있는 치매 환자에게 음악을 들려줬더니, 과거의 기억을 더 잘 떠올리는 것을 발견했다.

음악은 우리를 행복으로 이끄는 견인차 역할도 한다. 음악이 운동효과를 높이고 괴로운 운동 시간을 즐겁게 해서 운동을 꾸준히 하게 만들어주기 때문이다. 스위스 제네바의과대학 안드레아 트롬비티 교수팀이 고령의 노인 134명을 두 그룹으로 나눠 한 그룹에만 매주 한 시간씩 음악에 맞춰 운동을 시켰다. 6개월 후 그룹별로 넘어진

횟수로 운동 효과를 비교해봤다. 연구 결과, 음악에 맞춰 운동한 그룹이 그냥 운동한 그룹보다 훨씬 덜 넘어졌다. 신나는 팝송을 들으며 러닝머신을 하면 지구력이 더 향상되고 운동할 때 더 행복해진다는 영국 브루넬대학 연구 결과도 있다.

　　외로울 때면 나도 모르게 G-드래곤과 김윤아가 함께 부른 〈Missing you〉를 흥얼거린다. 외로움을 극복하려는 내 안의 보상작용인지, 3분 남짓 이 노래를 흥얼거리면 마음에서 외로움이 확실히 덜어진다. 묘하게 마음을 달래는 발랄한 선율과 이 외로움이 나만의 것이 아니라는 가사가 준 안도감 때문일까?

　　음악은 우리에게 기쁨도, 위로도 선사하지만 음악이 주는 선물은 이것이 다가 아니다. 음악은 극한의 상황에서 우리를 견디게 하는 힘마저 준다. 군대에서 훈련을 할 때 고래고래 소리를 지르며 노래를 부르게 하는 이유가 여기 있다. 요즘은 병원에서 병마와 힘겹게 싸우는 환자들을 응원하기 위해 음악의 힘을 빌린다. 취재차 방문한 대학병원 로비에서 피아노를 보는 일이 흔해졌고, 환자를 위한 음악회를 여는 일을 보도자료로 심심치 않게 접한다.

또한, 음악은 우리가 행복할 권리가 있는 인간임을 자각하게 한다. 영화 〈쇼생크 탈출〉 속 교도소에 울려 퍼지는 오페라처럼 말이다. 모짜르트의 〈피가로의 결혼〉을 틀어놓고 방송실 의자에 깊게 몸을 기대고 앉아서 아름다운 선율을 음미하는 앤디 듀프레인(팀 로빈슨)과 갑작스런 선율에 어리둥절해 하다가 이내 행복한 미소를 머금는 수감자들을 보며 우리가 느낀 감동은 바로 그 때문이 아닐까 싶다.

음악은 우리의 내면을 쉽게 들여다보게 해줘서 우리의 고통과 상처를 치료하는 데 도움을 준다. 음악이 우울증, 발달장애, 학습부진, ADHD(주의력결핍과잉행동장애), 중독 같은 치료에 널리 쓰이는 까닭이다. 음악 치료를 할 때는 목적에 따라 음악 선곡과 음악을 즐기는 방법을 달리 선택하는데, 치매를 앓는 사람은 주로 추억을 떠오르게 하는 음악을 듣게 한다. 학습부진이나 ADHD를 앓는 아동은 직접 악기를 연주하는 음악치료가 효과적이다.

음악을 접할 때 행복을 배가시키는 비법이 있다. 음악을 들을 때는 타인의 시선에 개의치 말고 자신의 취향에 맞는 음악을 듣는 것이다. 미국 메릴랜드대학 연구팀이 좋아하는 음악과 싫어하는 음악을 들을 때의 혈관 반응을 조사했는데, 좋아하는 음악을 들을 때는 혈관이 26% 넓어졌지만 싫어하는 음악을 들었을 때는 혈관이 6% 줄어들었다.

연령이나 상황에 맞는 음악을 듣는 것도 좋다. 이스라엘 네게브대학 아이디트 술킨 박사팀이 초등학교 저학년 학생들을 음악시간에 클래식 음악을 들은 그룹과 경쾌한 노래를 손뼉 치며 부른 그룹으로 나눠서 살펴봤는데, 손뼉을 치면서 경쾌한 노래를 부른 그룹이 클래식 음악을 들은 그룹보다 성장과 발달에 더 도움이 됐다고 한다. 아이에게 좋다고 너무 클래식 음악만 선호하기보다는 아이의 성장과 발육에 알맞은 음악을 즐길 수 있게 하는 것이 더 좋은 셈이다.

그런가 하면 특정 건강 문제가 있을 때에는 음악을 가려듣는 것이 도움이 된다. 고혈압이 있는 사람에게는 느린 음악이 혈압을 낮추는 데 도움이 된다는 이탈리아 피렌체대학 피에스트로 모데스터 박사팀의 연구 결과가 있다. 우울한 청소년은 헤비메탈 음악을 듣지 않는 게 좋다. 호주 멜버른대학 캐트리나 맥페란 박사팀이 13~18세 1,000명을 설문조사하고 이중 50명을 심층 분석했는데, 우울한 경향이 있는 청소년은 헤비메탈 음악을 스트레스를 푸는 긍정적인 방식이 아닌 현실도피 같은 부정적인 방식으로 듣는 경향이 있었다.

평소 실천하기 어려운 일도 음악을 활용하면 더 잘하게 된다. 미국 러시대학 지젤 모스나임 박사팀이 천식을 앓는 청소년에게 8주간 좋아하는 노래에 천식에 대한 건강 내용을 담아서 노래를 듣게 했는데, 약 복용 시간을 지키는 비율이 39%에서 70%로 향상됐다. 음악을 들을 때에는, 볼륨을 너무 높이지 않는 것도 우리의 행복에 긍정적 영향을 준다.

세계보건기구(WHO)는 85dB 이상의 소리에 자주 노출되면 난청이 생길 위험이 높다고 경고한다. 음악을 들을 때는 주위 소음을 막아주는 헤드폰을 쓰면 볼륨을 낮출 수 있다. 술을 마실 때도 음악 소리는 되도록 낮추도록 하자. 프랑스 브르타뉴쉬드대학 니콜라스 게강 교수팀이 18~25세 남성 40명을 대상으로 술을 마실 때 음악 소리를 72~88dB로 바꿔서 술 마시는 행동에 어떤 영향을 미치는지 실험했다. 실험 결과, 음악 소리가 커질수록 술을 빨리 마시고, 많이 마셨다.

행복 효과를 배가하려면 음악의 볼륨을 높이기보다 눈을 감고 음악에 집중하는 게 좋다. 이스라엘 텔아비브대학 탈라 헨들러 교수팀이 눈을 감거나 뜬 상태에서 음악을 듣게 하면서 반응을 살펴봤는데, 눈을 떴을 때보다 눈을 감았을 때 즐거운 음악을 더 즐겁다고 느꼈다. fMRI(기능성자기공명영상)로 뇌를 찍었을 때도 이런 결과는 마찬가지였다. 눈을 감고 음악을 들으면 감정을 담당하는 뇌의 편도체가 더 활성화된다. 눈을 감고 음악을 들을 때 확실히 더 행복한 느낌이 드는 셈이다.

불행하다고 여겨질 때 유행가 한 구절을 흥얼거려 보자.

잔잔한 멜로디가 우리의 마음을 확실히 위로해준다.

환상적인 음악은 우리를 기쁨에 들뜨게 만들고 큰 감동마저
안겨준다. 잔잔한 선율도 마찬가지다. 조용히 귀를 기울여 듣다
보면 어느새 우리 얼굴에 잔잔한 웃음이 자리하는데, 그것이
바로 음악의 힘이 아닐까 싶다.

19_ 비관주의자는 잃는 것에, 낙관주의자는 얻는 것에

매사를 낙관하고 감사하는 사람은 행복한 사람이다. 영국의 대문호 세익스피어는 "세상에 절대적으로 좋거나 나쁜 것은 없다. 다만, 우리의 생각이 그렇게 만들 뿐"이라고 말한 바 있다. 나쁜 일도 긍정과 감사로 받아들이면 좋은 일이 못될 까닭이 없는 셈이다. 하버드대학 데이비드 렌스 교수 역시 "세상은 주로 낙관주의자들이 성공하는데, 그것은 그들이 항상 옳기 때문이 아니라 긍정적이기 때문"이라며 "그들은 잘못되었을 때조차도 긍정적"이라고 역설한다.

낙관하는 태도와 감사하는 마음은 우리의 삶을 확실히 행복으로 몰아넣는다. 드라마 〈반짝반짝 빛나는〉에서 출판사 대표의 외동딸 정원(김현주)의 대책 없는 긍정성과 매사 감사하는 태도가 모든 등장 인물들을 행복으로 이끈 것처럼 말이다. 새로 부임한 편집장 승준(김석훈)은 정원과 사사건건 부딪히면서 철옹성 같은 마음 문을 열고 사랑이라는, 낯설지만 행복한 감정에 빠져든다. 산부인과에서 정원과 바뀌어 고시식당집 둘째 딸로 자란 금란(이유리)은 정원이 사법고시에 합격한 자신의 약혼자와 맞선을 본 뒤부터 자신의 인생을 강탈했다는 피해의식에 사로잡혀서 정원과 계속 각을 세운다. 그러나 깨지고 또 깨져도 체념하기보다 긍정하며 다시 앞으로 나아가고 금란이 도망쳐온 현실(사채 빚과 실명을 앞둔 어머니)을 쓸어 덮고 감사하는 정원에게 결국 그녀도 마음의 문을 연다.

절대 바뀔 것 같지 않았던 승준의 어머니(김지영)도 마찬가지다. 지하세계 큰 손으로 통하는 그녀는 정원의 친아버지(길용우)를 도박장에서 체포되게 손을 쓰고 정원의 꿈이자 미래인 출판사를 뺏는다는 협박으로 승준을 정원에게 떼어놓으려 하지만, 나중에는 사법고시에 합격한 대범(강동호)의 프러포즈에 정원이 응할까 마음을 조이며 승준이 있는 곳을 알려준다. 긍정과 감사하는 태도는 사람을 포섭하는 힘마저 강력한 셈이다.

낙관적이고 매사에 감사하는 마음을 지닌 사람이 행복해진다는 사실은 이미 수많은 연구를 통해 입증돼 있다. 우선, 매일 고마운 일 5

가지를 생각해서 기록하는 사람은 행복 지수가 올라간다는 미국 캘리포니아주립대학 로버트 에몬스 교수팀의 연구 결과가 있다. 매일 밤 감사했던 하루 일을 생각해내 기록하면 우리의 삶이 저절로 행복해진다는 것이다. 감사 편지도 마찬가지 효과를 낸다. 미국 켄트스테이트대학 스티브 토퍼 박사팀이 자신의 삶에 영향력을 미친 사람에게 2주에 한 번씩 6주간 감사 편지를 쓰게 했는데, 감사 편지를 쓰기 전보다 행복 지수가 확실히 올라갔다.

낙관적인 사람은 몸에 병이 걸릴 위험마저 적기 때문에 행복에 더 가까이 다가선다. 미국 피츠버그대학 연구팀이 50세 이상 여성 10만 명의 성격과 질병 상태를 조사했는데, 낙천적인 그룹은 비관적인 그룹보다 심장병 발병률이 30% 낮았다. 더불어 고혈압, 당뇨병, 흡연 때문에 심장병을 앓을 위험도 낮았다고 한다. 의학자들은 "부정적인 감정에 사로잡혀서 쓸데없이 걱정하는 사람은 몸 안의 혈액이 제대로 돌지 않고 면역력도 떨어진다"며 "여기에 흡연, 과로, 스트레스, 비만, 과음이 겹치면 심장병과 뇌졸중 같은 심뇌혈관질환을 비롯해 각종 질병의 발병 위험이 올라간다"고 주장한다.

긍정적인 사람은 부정적인 사람보다 암 위험과 암 사망 위험마저 낮다. 이스라엘 벤구리온대학 로닛 펠레드 박사팀이 유방암 환자 그룹(255명)과 건강한 여성 그룹(367명)으로 나눠서 암 진단을 받기 전의 마음 상태를 조사했다. 연구 결과, 긍정적인 여성은 유방암 위험이 25%나 낮게 나왔다. 또 미국 피츠버그대학 연구팀은 비관적인 사람은 낙천적인 사람보다 암으로 사망할 위험이 23% 높다는 연구 결과를 내놓은 바 있다.

낙관적이고 매사 감사하는 사람은 마음마저 튼튼하다. 영국 케임브리지대학 연구팀이 1946년 출생자 2,776명의 자료를 분석했는데, 긍정적인 청소년기를 보낸 그룹은 부정적인 청소년기를 보낸 그룹보다 정신질환에 걸릴 위험이 60% 낮았다.

게다가 긍정적이고 감사하는 삶을 살면 저절로 안티에이징이 된다. 긍정적인 태도와 감사하는 마음을 지닌 사람은 최소 6년 이상 젊게 산다고 미국 생체나이의 대가 마이클 로이진 박사는 주장한다. 이런 까닭에 긍정적인 사람은 오래 산다고 한다. 긍정적인 사람은 비관적인 사람보다 조기 사망 확률이 50% 이상 낮다는 주장이 있다. 또 100세 이상 산 장수 노인의 공통점을 조사했더니, 장수 노인은 대체로 긍정적인 사고방식을 갖고 있었다는 미국 조사가 있다.

긍정과 감사의 힘이 지닌 안티에이징의 효과는 신체에만 국한되지 않는다. 미국 노스캐롤라이나주립대학 심리학과 톰 헤스 교수팀이 60~82세 노년층에게 자신의 나이와 기억력에 대해 어떻게 생각하는지 조사한 뒤 실제 기억력 테스트를 했는데, 자신의 나이와 기억력에 대해 긍정적으로 생각하는 그룹이 자신의 나이와 기억력에 대해 부정적으로 생각하는 그룹보다 기억력 테스트 점수가 높았다. 이러한 까닭에 낙관하는 자세와 감사하는 태도를 지닌 사람은 치매에 걸렸더라도 증상마저 심하게 겪지 않는다. 알츠하이머병의 세계적 권위자인 데이비드 스노든 박사가 수녀 678명의 낙관하는 자세와 감사하는 태도가 치매에 어떤 영향을 미치는지 기록과 부검의 과정을 거쳐 연구했는데, 평소 긍정적이고 감사하는 태도를 지닌 수녀는 뇌세포가 크게 망가졌더라도 뇌세포가 멀쩡한 비관적인 수녀보다 치매 증상이 경미하게 나타났다.

더불어 항상 낙관하고 감사하게 생각하는 사람은 인간관계마저 좋기 때문에 행복할 수밖에 없다. 미국 노스캐롤라이나대학 연구팀이 커플 65쌍의 하루 일과를 관찰하고 관계 만족도를 조사했는데, 파트너에게 고마움을 느꼈을 때 관계 만족도가 올라갔다. 또한 미국 플로리다주립대학 나다니엘 램버트 교수팀이 고마움을 표현하는 빈도에 따라서 인간관계가 어떤지 조사했는데, 고마움을 표현하는 횟수가 많을수록 파트너와 친밀도가 높았다. 이뿐 아니다. 긍정적인 마음은 우리의 나쁜 건강 행태마저 개선해줘서 우리를 행복으로 인도한다. 긍정적인 문자메시지를 받은 흡연자는 이런 문자를 받지 않은 흡연자보다 금연 성공률이 10% 이상 높다는 연구 결과가 있다.

아우슈비츠 수용소에 갇힌 적이 있는 유태인 정신과 의사 빅터 프랭클 박사는 "한 인간에게서 모든 것을 빼앗아갈 수 있지만 단 한 가지, '자유'는 빼앗을 수 없다. 어떤 상황에 놓이더라도 삶에 대한 태도만큼은 자신이 선택할 수 있는 자유"라고 말한 바 있다. 영화 〈인생은 아름다워〉에서 귀도(로베르토 베니니) 역시 유태인 수용소에서 절망과 포기보다는 긍정과 감사를 택한다. 그는 어린 아들이 작아서 나치에게 들키지 않은 데 감사하고, 나치의 총 앞에서 아들이 현실을 두려워하지 않도록 '숨바꼭질'에서 술래에게 잡힌 듯 장난스럽게 팔을 흔들며 죽음을 향해 걸어간다. 희극 속에 담긴 페이소스에는 긍정과 감사의 힘이 들어가 있다. 지옥 같은 유태인 대학살에서 살아남은 귀도의 아들이 결코 불행할 리 없다는 낙관은 나만의 착각일까.

어쩌면 우리는 힘들수록 긍정하고 감사하는 삶을 살아야 할지 모른다. 호랑이와 대면했을 때 우리가 취할 수 있는 자세는 두 가지다. 살아나갈 가능성이 없다고 체념하던지, 살아나갈 희망을 품고 빠져나갈 구멍을 찾으며 호랑이에게 대항하던지. 비관할 때보다 긍정할 때 확실히 살 확률이 크지 않을까. 맨발의 아프리카인을 보고 절망하며 도저히 신발을 팔 수 없다고 생각하는 세일즈맨도 있지만, 맨발의 아프리카인을 보고 기뻐하며 당장 신발을 보내달라고 주문하는 세일즈맨도 있다. 신발을 팔 수 있는 사람은 당연히 매사 긍정적이고 감사하는 후자가 아닐까. 그렇기에 두 사람 중 어떤 사람이 더 행복한 삶을 사냐고 물으면 후자라는 답이 동일하게 나온다.

긍정하는 삶, 감사하는 삶을 살기는 그리 어렵지 않다. 우리의 태도만 바꾸면 된다. 물론 태도를 바꾸는 일이 쉬운 일은 아니지만, 빅터 프랭클 박사처럼 '내가 선택할 수 있다'는 것을 잊지 않는다면 그리 어려운 일도 아니다. 우선 힘든 일이 있을 때면 자신에게 긍정적인 감정을 불러일으키는 단어를 주문처럼 외우자. 사랑하는 사람의 이름도 좋고, 평소 가고 싶은 곳의 지명도 좋고, 행복한 감정을 불러일으키는 '네잎클로버' 같은 단어도 좋다. 일부 의학자들은 "긍정적인 단어를 주문처럼 외우면 뇌파가 심리적 안정 상태로 이끄는 알파파로 바뀌어 잡념이 줄고 마음에 평온이 찾아든다"고 주장한다. 매일 밤, 시간을 정해놓고 오늘 하루 감사했던 일 3가지를 다이어리에 적어보는 것도 확실히 우리의 행복에 도움이 된다. 감사한 일을 생각하는 것만으로 우리 스스로 복을 받았다고 생각하기 충분한 까닭이다. 앞서 나간 사람이 닫히는 문을 잡아줬던 일, 선배가 밥을 사준 일, 누군가 엘리베이터를 세우고 기다려준 일 같은 사소한 일도 감사의 목록에 적으면 기분이 확실히 좋아진다.

작은 배려에 매번 '고맙습니다' '감사합니다'라는 말을 하는 것도 행복해지는 비법 중 하나다. 미국 노스캐롤라이나대학 연구팀은 상대의 작은 배려에 고마움을 표현하면 긍정적인 마음이 생길 가능성이 10배나 커진다는 연구 결과를 내놓은 바 있다. 긍정과 감사는 쳇바퀴처럼 맞물려 있다. 긍정적인 사람일수록 '고맙습니다' '감사합니다'라는 말을 더 잘하고, '고맙습니다' '감사합니다'라는 표현을 할수록 우리는 더 낙관적인 사람이 된다.

고마움을 표현할 때는 에둘러서 애매하게 말하기보다 직접적으로 표현하는 것이 좋다. 미국 플로리다주립대학 연구팀이 75명의 남녀를 고마움을 직접적으로 표현한 그룹, 고마운 마음을 생각만 한 그룹, 매일 어떤 일을 할지 생각만 한 그룹, 친구와 긍정적인 이야기를 나눈 그룹으로 나눠서 친밀도를 살펴봤다. 연구 결과, 고마움을 직접적으로 표현한 그룹이 다른 세 그룹보다 인간관계에서 친밀도가 높았다. 사람과 사람 사이에 친밀함이 클수록 행복한 감정은 그만큼의 크기로 부풀어 오른다.

비관하기보다 낙관하고, 비난하기보다 감사하자.

낙관하고 감사할 때 우리는 확실히 행복의 문에 들어서기 쉽다.

긍정하는 삶, 감사하는 삶을 살기는 그리 어렵지 않다.
우리의 태도만 바꾸면 된다. 물론 태도를 바꾸는 일이 아주
쉬운 일은 아니지만, 빅터 프랭클 박사처럼
'내가 선택할 수 있다'는 것을 잊지 않는다면
그리 어려운 일도 아니다.

20 _ 모든 위대한 사상은 산책에서 잉태된다

길을 따라 고요히 걷다 보면 마음이 편안해진다. 상쾌한 공기가 가득한 아침 산책길, 따뜻한 햇살이 얼굴을 간질이는 오후 산책길, 시원한 바람이 귓가를 맴도는 저녁 산책길 모두 예외 없이 말이다. 길을 걷다 보면 뜻밖의 선물도 적지 않아서 산책의 즐거움을 더한다.

봄에는 길가에 핀 보드라운 꽃잎이 가슴을 촉촉이 적셔주고, 가을에는 길가를 뒹구는 낙엽으로 시간의 흐름을 실감한다. 산책이 안겨주는 즐거움과 깨달음 덕분에 우리는 행복에 조금 더 가까이 다가서게 된다.

영국 여류 소설가 제인 오스틴이 남긴 글과 편지를 토대로 미국 작가 시리 제임스가 쓴 소설《제인 오스틴의 비망록》에는 영국의 해안가 도시 라임의 산책길 한 곳을 '천국의 전초기지 같다'라고 표현한 말이 나온다. 제인 오스틴은 아름다운 해안가 산책길을 걷다가 오빠 헨리 오스틴에게 이 말을 했는데, 잠시 뒤 그녀는 이 말을 프레데릭 애시포드에게 똑같은 장소에서 듣게 된다. 절로 경탄이 쏟아져 나올 만큼 아름다운 풍광 속에서 자신과 똑같은 생각을 하는 이를 만나 사랑에 빠지기까지 했으니, 실제 제인 오스틴이었다면 얼마나 가슴이 벅차올랐을까. 소설에서 제인 오스틴이 프레데릭 애시포드를 처음 만난 곳도 이 산책길이었으니, 실제 일어난 일이었다면 그녀만큼 산책이 주는 행복을 얻은 이가 없다고 해도 과언이 아니다.

또 독일의 철학자 프리드리히 니체는 "모든 위대한 사상은 산책에서 잉태됐다"고 말한 바 있다. 평소 산책을 즐겼던 제인 오스틴 역시 《오만과 편견》《이성과 감성》 같은 글을 쓰면서 산책의 수혜를 어느 정도 받지 않았을까. 산책이 우리의 뇌 기능을 향상시킨다는 사실은 이미 여러 연구를 통해 입증된 바 있다. 미국 일리노이대학 아트 크래머 교수팀이 집안에 틀어박혀서 텔레비전만 보는 다양한 연령의 성인에게 일주일에 3회씩 40분간 산책을 하게 한 다음 1년 뒤 이들의 뇌를 촬영해서 어떤 변화가 생겼는지 살펴봤다. 그 결과, 무엇인가를 계획할 때 활성화되는 뇌 부위에 확실히 긍정적 변화가 생겼다.

니체의 말이 과학적으로도 틀리지 않은 셈이다.

산책은 기억력과 판단력, 계산력을 총칭하는 인지기능의 퇴화를 막아서 치매 위험마저 줄여준다. 아주대학 예방의학과 이윤환 교수팀이 걷기와 인지기능에 대해 다룬 국내외 논문 162편을 분석했는데, 일주일에 12km 걷는 사람은 1km를 걷는 사람보다 인지기능이 떨어질 확률이 30% 이상 낮았고 매일 3km 이상 걷는 사람은 치매에 걸릴 위험이 70%나 떨어졌다.

산책은 우리 몸을 건강하게 해줌으로써 우리를 행복으로 인도한다. 미국 하버드대학 다리우시 모자파리안 박사팀이 65세 이상 노인 5,500여 명을 12년 넘게 관찰한 결과, 산책을 즐기는 노년층은 고령에 다발하는 부정맥질환인 심방세동 발병 위험이 48% 낮았다.

연세대학 체육교육학과 서상훈 교수팀도 뇌졸중 환자가 꾸준히 걸었을 때 혈액 내 콜레스테롤과 중성지방 수치에 어떤 변화가 있는지 살펴봤는데, 꾸준히 걸은 뇌졸중 환자 그룹이 잘 걷지 않은 뇌졸중 환자 그룹보다 콜레스테롤과 중성지방 수치가 5~10%가량 줄어있었다. 산책은 척추와 관절 건강에도 좋은 영향을 준다. 매일 산책하는 사람은 척추의 정렬이 바로잡히는 데다, 무릎 주변의 근육이 발달해서 무릎 관절에 부하가 덜 간 까닭에 확실히 부상 위험이 줄어든다고 한다. 미국 노스웨스턴대학 연구팀이 65세 이상 노인 6,000여 명을 5년간 조사했더니, 산책 같은 가벼운 운동을 한 그룹이 전혀 운동을 하지 않은 그룹보다 관절염 발병률이 30%가량 떨어졌다.

이뿐 아니다. 산책은 수명까지 늘린다. 미국 국립암연구소 연구팀이 40세 이상 65만여 명을 대상으로 산책의 수명 연장 효과를 분석했는데, 매주 2시간 30분 이상 산책하는 사람은 수명이 3.4~4.5년 길어졌다.

더불어 산책은 우리의 마음마저 튼튼하게 해준다. 영국 런던대학 마크 해머 박사팀이 정신건강에 신체활동이 어떤 영향을 미치는지 2만여 명을 대상으로 분석했는데, 일주일에 한 번 이상 산책을 하면 마음의 고통이 20%가량 줄었다. 마크 하머 박사는 산책하는 횟수가 늘어날수록 스트레스가 줄고, 불안감도 낮아지는 경향을 보인다고 말한다. 이미 마음을 다쳤을 때도 산책은 치유 효과를 낸다.

영국 에식스대학 연구팀이 우울증을 앓는 사람에게 공원을 산책하게 했는데, 10명 중 7명이 우울증 증상인 긴장과 피로가 완화됐고 우울증마저 좋아졌다. 또 과반수 이상이 공원을 산책한 다음 활력마저 올라갔다고 답했다. 산책은 정신건강의학과 폐쇄병동 프로그램에 꼭 들어가 있는데, 나름의 이유가 있었던 셈이다. 의학자들은 "산책을 하면 행복호르몬인 엔도르핀과 도파민이 나온다"며 "햇볕을 쬐면서 산책을 하면 또 다른 행복호르몬인 세로토닌까지 만들어져 행복에 긍정적인 영향을 미친다"고 주장한다.

산책이 우리에게 주는 긍정적인 효과는 여기서 끝이 아니다. 산책은 음식을 과도하게 먹고자 하는 충동이나 담배를 피우고 싶은 충동을 없애는 데도 효과적이다. 미국 캘리포니아주립대학 로버트 테이어 교수팀이 평소 사탕을 즐겨먹는 성인 18명을 5분간 산책한 그룹과 5분간 사탕을 응시하며 앉아 있는 그룹으로 나눈 뒤, 사탕을 먹고 싶은 욕구에 어떤 변화가 생겼는지 확인했다. 그 결과, 5분간 산책한 그룹은 사탕을 먹고 싶은 충동이 대부분 사라졌지만 사탕을 응시하며 앉아 있던 그룹은 사탕을 먹고 싶은 욕구에 변화가 없었다.

다이어트를 할 때 음식 조절이 힘들다면, 산책이 확실히 도움을 줄 수 있는 셈이다. 게다가 산책은 격렬하게 달리는 운동보다 체중 감량에 더 효과적이라는 연구도 있을 만큼, 확실히 체중 조절에 효과가 있다. 또한, 산책은 인간관계에도 긍정적인 영향을 준다. 사회성 발달 초기에 놓인 아이들조차 말이다. 아동교육에 실린 한 논문에 따르면, 산책을 한 유아 그룹은 그냥 이야기만 나눈 유아 그룹에 비해 언어 능력이 향상됐고 또래 아이들과의 관계도 더 좋아졌다고 한다. 스스로를 제어할 수 있을 때, 그리고 사람과의 관계가 좋을 때, 우리는 행복해지기 쉽다.

걷는 일은 어린 시절부터 참 좋아하던 일이다. 천지분간을 못하던 시절, 무궁무진한 호기심을 풀 수 있는 하나의 방편이 걸으며 탐구하는 일이었다. 비가 갠 날에는 저 멀리 떠있는 무지개 위에 올라서고 싶은 마음에 걷기도 했고, 꽃 피는 계절에는 나비나 잠자리, 개구리, 메뚜기를 찾아서 온 동네를 돌아다니기도 했다. 때론 이 세상 너머에는 어떤 풍경이 펼쳐질지 궁금해서 하염 없이 걸었다. 그래서 유독 어린 시절 파출소를 수차례 들락날락 했었는데, 계속 걷다가 집으로 돌아가는 길을 곧잘 잃어버린 까닭이다.

집을 잃어버려도 천진난만 웃을 만큼 즐거웠고, 그 덕분에 붙여진 별명이 '돌멩이'였다. 초등학교에 입학한 뒤부터는 길을 찬찬히 익히면서 걸은 까닭에 파출소 신세를 진 적이 없을 뿐, 이후에도 돌멩이 기질은 바뀌지 않아서 지금도 걷기를 무척이나 좋아한다. 한여름 땡볕에도 점심 식후 산책을 마다하지 않을 정도의 걷기 마니아라고 할까. 물론 기자 일이 좋은 이유 세 가지에도 '글을 쓴다' '많은 사람을 만난다'에 더해 '여기저기 돌아다닌다'가 들어간다.

산책을 좋아하는 데는 나름의 이유가 있다. 우선 길을 걷다 보면 옴짝달싹 못할 것만 같던 녹록지 않은 삶이 조금은 만만해진다. 다시

한 번 온 힘을 다해 부딪혀보자는 의지를 불태워주고, 그래도 길이 없다면 더 이상 집착할 필요 없다는 홀가분함도 한 걸음 한 걸음의 다독임에 더해진다. 또한, 길을 걷다 보면 머릿속에 꽉 들어찬 생각이 시각과 청각, 촉각, 후각 자극에 자리를 내줘서 뿔뿔이 흩어진다. 물론 원점으로 다시 돌아올 때쯤에는 흩어진 생각들이 가닥을 잡고 머릿속에 차분히 정리되면서, 상황은 변하지 않아도 상황 인식은 분명 바뀌어 있는 까닭에 스트레스도 줄고 좀 더 잘 대처하게 된다.

그래서 중요한 결정을 내릴 때는 긴 길을 한참을 걷고는 한다. 요즘은 걷기가 하나의 힐링 문화로 당당히 자리를 잡아가고 있다. 제주 올레길, 지리산 둘레길 같은 긴 길을 오래 걷다 보면 어느새 몸이 가뿐해지고 마음이 편안해진다는 사람이 한둘이 아니다. 그래서 힘들 때면 어김없이 다시 찾는 길. 길 위에서 적지 않은 사람들이 세상에서 상처 입은 몸과 마음을 치유한다.

좀 더 행복한 산책을 하고 싶다면 이런 방법을 권하고 싶다. 우선 가슴을 활짝 펴고 숨을 깊게 쉬며 걷는 것이다. 깊은 호흡으로 몸이 이완되면 마음도 열리기 마련이다. 꽉 닫힌 깜깜한 공간보다 활짝 열린 환한 공간에서 더 행복해지는 것과 같은 이치다. 또, 도심보다는 되도록 공원이나 숲길을 산책하는 것이 우리를 더 행복하게 한다. 영국 에식스대학 줄스 프리티 교수팀이 자연이 인간에게 미치는 영향에 대한 논문 10편을 분석했는데, 산책도 공원이나 숲길 같은 녹색 공간에서 할 때 행복 지수가 더 높았다. 자연과 교감하면서 걸을 때 마음이 더 편안해지고, 삶을 성찰하는 눈도 길러지는 까닭이 아닌가 싶다.

살을 빼기 위해 산책할 때 보다 빠르게 효과를 보고 싶다면 산책하는 시간을 이른 아침이나 저녁 같이 기온이 낮을 때로 잡으면 된다. 높은 기온일 때보다 낮은 기온일 때 지방이 더 잘 연소되기 때문이다. 또한 지방이 우리 몸에 덜 쌓이게 하기 위해서는 산책 시간에 따라 식사시간도 조절하면 좋다. 이른 아침에는 식전에 산책을 하는 것이 좋지만, 저녁에는 식후에 산책을 하는 것이 더 좋다는 각각의 연구 결과들이 나와 있다.

산책을 통해 뇌를 단련하고자 할 때는 익숙한 길보다 새로운 길을 걷자. 이때는 느긋한 걸음보다 조금 빠른 걸음으로 20분 넘게 걷는 것이 좋다고 한다. 늘어난 혈류 덕분에 산소와 영양 공급이 원활해지면 뇌가 활발히 움직이기 때문에, 뇌가 더 많이 단련되는 효과를 얻을 수 있다. 우울할 때는 햇볕을 쬐면서 흙길을 걷자. 햇볕을 쬐면 비타민D 덕분에 우리 몸에 행복호르몬인 세로토닌 생성이 원활해진다. 또 푹신한 흙길에 사는 미생물 마이코박테리움 백케이는 바람에 날려서 사람의 몸속에 들어오는데, 마이코박테리움 백케이는 우리 몸속에서 세로토닌 수치를 높이는 구실을 한다고 한다. 실제 우울증 치료에 세로토닌이 덜 없어지게 하는 약이 쓰일 정도로, 세로토닌은 우울한 감정을 없애주는 데 탁월한 역할을 한다.

가끔은 길 위에서 행복을 찾아보자.

조금만 시선을 돌려도 행복의 손짓이 보인다.

봄에는 길가에 핀 보드라운 꽃잎이 가슴을 촉촉이 적셔주고,

가을에는 길가를 뒹구는 낙엽으로 시간의 흐름을 실감한다.

산책이 안겨주는 즐거움과 깨달음 덕분에 우리는 행복에

조금 더 가까이 다가서게 된다.

21_ 기분 좋게 만드는 향기는
몸에도 좋다

향긋한 향기는 우리를 행복하게 한다. 향기는 우리 몸에서 가장 예민한 후각신경을 자극해서 우리의 몸과 마음을 알게 모르게 좌우한다. 후각을 통해 들어온 신호는 뇌와 신경의 컨트롤러가 되어 스트레스, 혈압, 심장박동, 호흡, 기억력, 집중력을 비롯해 신경전달물질과 호르몬 분비에 간여한다. 향기가 우리의 기분을 좋게 만들고 신체 컨디션마저 최상으로 끌어올리는 까닭이 여기에 있다.

향긋한 향을 맡을 때면 누구나 저절로 눈을 감고 코를 벌름거린다. 오감 중 시각 정보를 확 줄이고 후각에 집중한 까닭에, 눈을 뜰 때 대부분 얼굴에 미소가 걸려 있다. 좋은 향이 나는 곳에 있으면 저절로 기분이 좋아지고 유쾌한 기억이 쉽게 떠올려지는데, 이는 이미 과학적으로 증명된 사실이다.

영국 엑스터대학 연구팀은 라벤더, 로즈메리 같이 좋은 향기를 맡은 사람은 기분이 저절로 좋아진다는 연구 결과를 내놓은 바 있다. 또, 미국 럿거스대학 자넷 존슨 박사팀이 알아차리기 어려울 정도의 좋은 향이 가득 찬 방과 특별한 향이 나지 않는 방에 대학생 59명을 나누어 머물게 한 다음 자신의 과거, 현재, 미래에 대해 글을 쓰게 했는데, 좋은 향이 차있는 방에 머문 그룹이 특별한 향이 없는 방에 머문 그룹보다 행복과 관련된 단어를 3배가량 많이 썼다. 의학자들은 "좋은 향이 우리를 행복하게 해서 뇌의 저장고에서 기분에 맞는 기억과 생각을 이끌어내는 까닭"이라고 설명한다.

향기는 우리의 기분을 좋게 하는데 그치지 않고, 공포감을 덜어주고 스트레스를 줄여주며 불안한 마음을 달래주는 효과마저 발휘한다. 영국 킹스컬리지런던대학 메타지아 크리트시마 박사팀이 치과치료에 공포감이 있는 340명을 두 그룹으로 나눠서 한 그룹은 치과치료 전에 라벤더 향을 맡게 하고 다른 그룹은 그냥 치과치료를 받게 해서 공포감 수준을 비교했다. 연구 결과, 라벤더 향을 맡은 그룹의 두려움 수치는 7.4점, 그냥 치료를 받은 그룹은 10.7점으로 확실히 좋은 향이 공포감을 줄여줬다.

향기와 관련해 재미있는 사실이 하나 있는데, 잠을 잘 때 불안을 유발한 사건과 관련된 향기를 맡으면 불안감이 줄어드는 효과가 있다는 것이다. 미국 노스웨스턴대학 캐서리나 하우너 교수팀이 좋은 향기 속에서 전기충격의 고통을 겪은 사람들이 잠을 자는 동안 똑같은 향을 맡게 한 다음 뇌를 스캔해서 어떤 변화가 생기는지 살폈는데, 불안할 때 활성화되는 뇌 부위의 활동성이 떨어졌고 잠에서 깬 뒤 불안감도 확실히 덜 느꼈다.

좋은 향기는 우리의 마음뿐만 아니라 몸도 치유한다. 가톨릭대학 간호대 연구팀이 고혈압으로 약을 복용하는 사람에게 칵테일 에센셜 오일을 1일 2회씩 3주간 흡입하게 했더니, 혈압이 125mmHg에서 118mmHg로 떨어졌고 혈관을 좁히고 심장을 빠르게 뛰게 하는 교감신경의 활성도가 10.7%에서 6.6%로 낮아졌다. 혈압이 떨어지고 교감신경의 활성이 떨어지면 다른 심뇌혈관질환을 합병할 위험이 크게 떨어진다.

또 스트레스를 받으면 보통 면역력이 떨어지는데, 좋은 향을 맡으면 면역력이 다시 정상적으로 돌아간다고 한다. 일본 도쿄대학 연구팀이 스트레스를 준 쥐를 두 그룹으로 나눈 뒤 한쪽 그룹에만 향긋한 향을 맡게 해서 어떤 차이가 있는지 살펴봤다. 연구 결과, 향긋한 향을 맡은 쥐는 향긋한 향을 맡지 않은 쥐와 달리 혈액 검사에서 면역

세포 수치가 정상으로 돌아왔고 스트레스를 받았을 때 활성화되는 유전자 활동도 잠잠해졌다.

이런 효과 때문인지 알레르기성 비염을 앓는 사람이 좋은 향기를 맡으면 증상 조절에 도움이 된다고 한다. 동신대학 간호학과 송민선 교수팀이 심한 알레르기 비염 때문에 고생하는 환자 41명에게 2주간 12번에 걸쳐 에센셜 오일을 흡입하게 했는데, 알레르기 비염 증상이 확실히 가라앉았다. 게다가, 좋은 향은 통증 조절에도 효과적이다. 서울성모병원 간호사 연구팀이 두통에 시달리는 중년 여성 40명에게 칵테일 에센셜 오일을 2분간 흡입하게 했더니, 통증 점수가 7.1점에서 1.1점으로 떨어졌다. 향긋한 향이 통증을 조절하는 뇌 부위를 자극해서 엔도르핀, 세로토닌과 같은 행복호르몬을 분비하게 한 까닭이다.

이뿐 아니다. 좋은 향은 남성의 성 기능마저 개선해준다. 18~64세 남성에게 호박, 라벤더, 감초, 도넛, 오렌지 같은 향을 뿌린 마스크를 다양하게 쓰게 했더니, 음경의 혈액순환이 활성화됐다는 미국 연구 결과가 있다. 향기는 수면 건강도 지켜준다. 독일 만하임대학 보리스 스톡 박사팀이 15명의 여성을 잠을 잘 때 향긋한 향을 맡은 그룹, 아무 향도 맡지 않은 그룹, 좋지 않은 향을 맡은 그룹으로 나눠서 한 달간 향기가 꿈에 어떤 영향을 미치는지 관찰했다. 연구 결과, 향긋한 향을 맡은 그룹은 잠에서 깬 뒤 꿈에 대해 긍정적인 반응을 보였고 아무 향도 맡지 않은 그룹은 약간 긍정적이었으며 좋지 않은 향을 맡은 그룹은 부정적인 반응을 나타냈다. 향기가 우리를 행복한 꿈으로 안내한 것이다. 또 인제대학 연구팀이 수면의 질이 나쁜 여성 28명에게 라벤더 에센셜 오일 향을 맡게 했더니, 깊은 수면에 들게 하는 뇌파가 늘었다고 한다. 좋은 향은 수면의 질도 높여주는 셈이다.

향기가 행복에 미치는 영향은 여기서 끝이 아니다. 좋은 향은 뇌 기능마저 강화한다. 고려대학 생명과학부 박천호 교수팀이 중학교 1학년과 3학년 학생에게 장미향을 1분간 맡게 하고 뇌파에 어떤 변화가 생기는지 살펴봤더니, 집중력과 기억력을 높여주는 뇌파가 장미향을 맡기 전보다 활성화됐다.

또 향기는 이성에게 호감을 얻는 데도 도움을 준다. 영국 리버풀대학과 스털링대학 공동 연구팀이 19~35세 남성 35명을 진짜 향수를 뿌린 그룹과 가짜 향수를 뿌린 그룹으로 나눠서 스스로의 매력에 점수를 매기게 했는데, 진짜 향수를 뿌린 그룹이 가짜 향수를 뿌린 그룹보다 스스로에게 높은 점수를 줬다. 이어 공동 연구팀은 향수를 뿌리기 전후의 남성을 촬영한 뒤 여성에게 호감을 느끼는 남성의 모습을 택하게 했는데, 대부분 향수를 뿌린 남성을 선택했다. 남성이 향수를 뿌린 뒤 자신도 모르는 새 자신감에 찬 행동을 했기 때문에 여성이 더 매력을 느낀 것이다.

　더불어 향기는 우리를 좀 더 좋은 사람으로 거듭나게 한다. 깨끗한 향을 맡은 사람은 좋은 일에 돈을 기부하려는 경향이 더 크고, 돈을 다른 사람과 나눠야 할 때도 공정하게 나누려는 성향이 강해진다는 미국 브리검영대학의 연구 결과가 있다. 향기는 식욕이 없을 때는 식욕을 자극하지만, 거꾸로 식욕을 줄여주는 구실도 한다. 네덜란드 연구진이 바닐라 커스터드를 커스터드 향에 따라 30가지로 준비한 다음 향의 강약에 따라 먹는 양에 차이가 있는지 조사했는데, 향이 강한 바닐라 커스터드를 먹을 때는 평소보다 5~10% 덜 먹었다. 향이 강할수록 뇌는 칼로리가 더 높고 더 많은 양을 먹는 것으로 생각해서 빨리 포만감을 주기 때문이라고 연구진은 해석했다.

　행복을 부르는 향은 수도 없이 많기 때문에 우리는 언제든 행복에 도달할 수 있다. 상쾌한 숲의 향기, 구수한 된장찌개 냄새, 어머니의 살 내음, 철마다 피고 지는 꽃향기, 오래된 서가의 책 냄새, 고소한 커피 향기, 목공소의 나무 향내, 잘 익은 와인 향기 등등 셀 수 없이 많은 향이 우리를 행복으로 이끈다. 수백 가지에 달하는 향수나 화장품

속에도 각자의 취향에 맞는 향이 적어도 한두 가지는 있게 마련이다.

또한 수십 가지 아로마 에센셜 오일은 심신을 어루만지는 기능까지 덤으로 맡는다. 싱숭생숭할 때는 향초를 켜두면 마음의 위로를 받고, 근육통에 시달릴 때는 시원한 향의 입욕제만 써도 통증이 줄어든다. 일을 하다 기력이 떨어질 때쯤 녹차 향의 미스트를 얼굴에 뿌리면 기분마저 상쾌해진다.

향을 음미할 때도 행복을 더하는 방법이 있다. 우선 향은 짧은 시간, 약한 농도로 음미하는 것이 좋다고 한다. 향기에도 내성이 생길 수 있고, 너무 진한 향은 역효과를 불러일으키기 십상인 까닭이다. 네덜란드 위트레흐트대학 피트 브론 교수는 교양서 《냄새 그 은밀한 유혹》에서 향에 대한 느낌은 향의 농도와 관련 있다며 좋은 향이라도 너무 농도가 짙으면 역효과가 나고 나쁜 향도 농도가 약하면 유쾌하게 느낀다고 주장한다. 향수의 향기가 오랜 시간 남도록 하기 위한 방법도 따로 있는데, 향수를 피부가 아닌 소매나 셔츠 안감에 살짝 뿌리는 것이다. 또 다림질을 할 때 다리미판에 향수를 뿌려놓고 옷을 다리면 열로 인해 향이 옷 속에 더 잘 스며들어서 향이 오래 지속된다고 한다.

더불어 향수나 아로마를 택할 때는 많은 사람이 선호하는 향보다 개인의 취향에 맞는 향을 쓰는 것이 좋다. 스위스 연방공과대학 연구팀이 남녀 116명에게 10가지 넘는 향기 중 선호하는 향을 선택하게 했는데, 체내 면역반응의 강도를 결정하는 유전자에 따라 선호하는 향이 달랐다. 모든 사람은 자신과 가장 차이 나는 체취의 사람에게 성적 매력을 느끼는데, 다양한 면역체계를 갖춘 자손을 퍼트려야 생존에 유리하다는 것을 본능적으로 느끼는 까닭이다. 자신이 선호하는 향을 찾아서 쓰고 성적 매력을 느끼는 체취의 사람과 만날 때 진화론적으로 더 건강한 자녀를 낳을 수 있는 셈이다.

특히 아로마 에센셜 오일은 향마다 다른 효과가 있으므로, 자신의 취향과 상황에 맞춰 쓰는 것이 적합하다. 먼저 기운을 북돋우는 데는 레몬, 오렌지, 만다린 같은 상쾌한 향이 좋고, 집중력이 떨어질 때는 뇌의 혈액 순환을 돕는 페퍼민트, 바질, 로즈메리 같은 향이 도움이 된다. 감정 조절이 힘들 때는 라벤더, 로즈, 캐모마일 향이 그만이다. 또 자신감이 떨어질 때는 자스민, 그레이프프루트 같은 자극성 강한 향을 추천한다. 이성을 마음을 사로잡고 싶을 때는 자스민, 일랑일랑 같은 독특한 꽃향기가 좋다.

살은 빼고 싶은데 음식 조절이 힘들다면 페넬, 패추올리, 레몬 향을 맡아보자. 식욕 조절에 도움이 될 것이다. 감기에 시달릴 때는 캐모마일, 티트리, 페퍼민트, 라벤더 향이 그만이고, 비염으로 코가 꽉 막혔을 때는 시원한 유칼립투스 향이 도움이 된다. 불면증에 시달릴 때는 마조람, 로만캐모마일, 라벤더 향을 맡자. 과도한 스트레스로 힘이 부칠 때는 라벤더, 캐모마일, 네롤리, 샌달우드, 일랑일랑, 로즈마리, 페퍼민트 향을 추천한다. 또 우울할 때는 일랑일랑, 클라리세이지, 로만캐모마일, 오렌지, 로즈, 라임, 제라늄, 자스민, 만다린 향이 마음을 달래준다. 혈압이 높을 때는 레몬, 라벤더, 일랑일랑 향을 써보자. 두통에 시달릴 때는 라벤더, 페퍼민트, 마조람 향이 도움이 된다.

더불어 향을 음미하는 방법도 상황에 따라 적합한 방법이 다른데, 감기나 비염일 때는 뜨거운 물에 에센셜 오일을 한두 방울 떨어뜨린 뒤 흡입하거나 램프를 이용하는 것이 좋다. 불면증이나 우울증에 시달릴 때는 손수건에 에센셜 오일을 2~3방울 떨어뜨려 베개 아래로 은은하게 향이 퍼져나게 한다. 또 집중력을 높이거나 스트레스를 풀 때는 램프를 이용해 방에 은은한 향이 머물게 하자. 혈압을 낮출 때는 화장지나 손수건에 에센셜 오일을 한 방울 떨어뜨린 뒤 눈을 감은 채 2분간 향을 들이마시는 게 좋다.

가끔은 모든 것을 멈추고 좋은 향 하나에 몰두해보자.

코가 즐거워지면 행복도 가까워진다.

상쾌한 숲의 향기, 구수한 된장찌개 냄새, 어머니의 살 내음,
철마다 피고 지는 꽃향기, 오래된 서가의 책 냄새, 고소한
커피 향기, 목공소의 나무 향내, 잘 익은 와인 향기 등등
셀 수 없이 많은 향이 우리를 행복으로 이끈다.

22_차茶를 준비하는 시간이 인생을 풍부하게 만든다

김이 피어올라오는 차 한 잔을 앞에 두고 있으면 괜히 행복해진다. 따뜻한 차 한 잔이 주는 여유와 온기 덕분이랄까. 혹자는 한 잔의 차로 아침을 시작할 수 있는 사람은 행복한 사람이라고 하고, 혹자는 행복한 일상을 상상할 때 따뜻한 차 한 잔이 결코 빠지지 않는다고 말한다. 누구나 자연스레 고개가 끄덕여질 만큼, 따뜻한 차가 우리를 행복하게 해주는 필수품목으로 자리매김한 것을 이제는 부정하기 어렵다.

2006년 11월 중순, 소설《원미동 사람들》《희망》《모순》을 쓴 작가 양귀자 선생을 그의 자택 내 작업실에서 인터뷰한 적이 있다. 그때

양귀자 작가는 '행복해지는 차'라며 기자에게 손수 찻잎을 부숴서 우린 허브차 한 잔을 내줬다. 그의 말 덕분인지, 그에 대한 팬심 덕분인지, 그날 따뜻한 허브차 한 잔이 안겨준 행복감이 참 컸다. 그리고 그날 마신 허브차는 오랜 여운으로 남아서, 마음이 헛헛할 때 따뜻한 차를 앞에 두고 그 날 일을 떠올리는 것만으로 쉬이 마음이 채워지고 힘이 불끈 솟는다. 따뜻한 차 한 잔에 쉽게 행복이 깃든 셈이다.

따뜻한 한 잔의 차가 우리를 행복으로 이끈다는 사실은 이미 수많은 연구를 통해 밝혀져 있다. 우선 따뜻한 차는 우울함을 쉽사리 날려버리게 해준다고 한다. 일본 도호쿠대학 카이준 니우 교수팀이 노인 1,058명의 차 마시는 습관과 우울 증상을 조사했는데, 매일 녹차를 4잔 이상 마신 노년층은 녹차를 1잔 이하로 마시는 노년층보다 우울 증상을 겪을 위험이 44% 낮았다. 또 커피를 하루 4잔 이상 마시는 사람은 커피를 마시지 않는 사람에 비해 우울증 위험이 10% 가량 낮다는 미국 노스웨스턴대학 에바 리데이 박사팀의 연구 결과도 있다.

머릿속에 잔뜩 먹구름이 드리워졌을 때도 한 잔의 차가 머릿속을 맑게 해준다. 스페인 바르셀로나대학 아나 아단 박사팀이 대학생 668명에게 커피를 마시게 한 뒤 반응을 살폈다. 연구 결과, 확실히 커피를 마신 뒤 정신이 맑아졌고, 커피를 마신 직후부터 최대 3시간가량 각성 효과가 지속됐다. 카페인 효과 덕분인데, 신기하게도 이 연구에서는 디카페인 커피를 마셨을 때도 짧은 시간이지만 각성 효과가 나타났다.

차는 뇌 기능마저 높여준다. 다국적회사 유니레버 연구팀이 40세 이하 44명을 진짜 차를 마신 그룹과 가짜 차를 마신 그룹으로 나눠서 낱말 맞추기 같은 지능테스트를 했는데, 진짜 차를 마신 그룹이 가짜 차를 마신 그룹보다 좋은 성적을 냈다. 게다가, 차를 마시는 습관을 들이면 뇌 기능 향상 효과가 오랫동안 지속된다고 한다. 영국 옥스퍼드대학 데이비드 스미스 교수팀이 70~74세 2,031명의 차 마시는 습관을 조사한 뒤 인지기능검사를 했는데, 자주 차를 마시는 그룹이 차를 안 마시는 그룹에 비해 좋은 점수를 얻었다. 그래서 자주 차를 마시는 사람은 치매에도 덜 걸린다. 녹차를 자주 마시면 치매 예방에 좋다는 영국 뉴캐슬대학 에드 오켈로 박사팀의 연구 결과가 이를 뒷받침한다.

차는 우리 몸도 튼튼하게 해준다. 차를 자주 마시면 살이 덜 찌면서 만병의 근원인 비만이 예방된다. 일본 고베대학 연구팀이 14주간 고열량 식단을 섭취한 쥐를 홍차를 마신 그룹, 녹차를 마신 그룹, 물을 마신 그룹으로 나눠서 체중 변화를 관찰했는데, 홍차나 녹차를 마신 그룹은 물을 마신 그룹보다 확실히 살이 덜 쪘다. 또, 차를 매일 한 잔 이상 마시면 당뇨병 위험마저 준다고 한다. 호주 시드니대학 연구팀이 커피나 차를 마실 때 당뇨병에 어떤 영향을 주는지 다룬 논문 18개를 분석했다. 분석 결과, 하루에 3~4잔의 커피나 차를 마신 사람은 당뇨병 발병 위험이 커피나 차를 전혀 마시지 않은 사람에 비해 20~25% 낮았고 커피를 하루에 한 잔만 마셔도 당뇨병 발병 위험이 7%가량 줄었다.

더불어 심뇌혈관질환의 예방과 치료에도 차 마시는 습관이 도움이 된다. 스웨덴 카롤린스카의과대학 연구팀이 10년간 성인 남녀 7만 4,961명의 차 마시는 습관과 뇌건강 효과를 분석했는데, 하루 4잔 이상 홍차를 마신 사람은 그렇지 않은 사람에 비해 뇌에 혈전이 발생할 위험이 21% 떨어져 뇌졸중 위험이 낮았다. 또 그리스 하로코피오대학 크리스티나 마리아 카스토리니 교수팀이 심혈관질환을 앓는 374명의 커피 섭취량과 건강 상태의 상관관계를 분석했는데, 커피를 매일 한두 잔 마신 사람은 커피를 전혀 마시지 않는 사람보다 심혈관질환 합병증인 심부전 위험이 88% 떨어졌다.

이런 까닭에 차를 즐겨 마시면 심뇌혈관질환 사망 위험도 준다고 한다. 일본 오카야마대학 연구팀이 65~84세 1만 2,000여 명의 녹차 섭취량과 7년간의 사망률, 사망원인을 분석했다. 연구 결과, 매일 녹차를 500mL가량 마신 노년층은 한 잔 이하로 마신 노년층보다 심혈관질환에 의한 사망률이 75% 적었다. 이뿐 아니다. 차는 눈을 비롯해 뼈, 치아 건강에도 도움을 준다. 홍콩 중문대학 연구팀이 녹차를 일주일간 섭취한 쥐의 눈을 살펴봤더니, 녹차의 카테킨 성분이 녹차를 마신 뒤 20시간까지 눈에서 산화 스트레스 작용을 줄여줘서 눈 질환을 예방하는 효과를 냈다.

또 70~85세 여성 300여 명의 차 마시는 습관을 조사한 다음 5년간 골밀도에 어떤 변화가 생겼는지 살펴본 미국 임상영양학저널에 실린 한 연구에서, 하루에 한 잔 이상 차를 마시는 여성은 차를 전혀 마시지 않은 여성에 비해 골밀도가 높게 나왔다. 더불어 일본 도호쿠대학 연구팀은 하루 한 잔의 녹차를 마신 사람은 녹차를 전혀 마시지 않은 사람보다 치아 손실률이 20% 낮다는 연구 결과를 내놓은 바 있다.

게다가 차는 암 발병 위험마저 낮춰준다. 미국 로스웰파크암연구소 수잔 맥캔 박사팀이 여성 1,100여 명의 차 마시는 습관과 자궁내막암 발병의 상관관계를 조사했다. 연구 결과, 매일 커피나 차를 4잔 이상 마신 그룹은 커피나 차를 마시지 않은 그룹에 비해 자궁내막암 발병이 절반밖에 되지 않았다.

의학자들은 "차에 들어 있는 폴리페놀 같은 항산화 성분이 암을 예방하는 효과를 낸다"고 설명하는데, 차의 항암 효과는 예방에만 그치지 않는 듯하다. 백혈병 환자 33명에게 매일 녹차를 두 잔씩 마시게 했더니 병의 진행 속도가 늦춰졌고 통증마저 절반 이상 줄었다는 미국 메이요클리닉 타이트 샤나펠트 박사팀의 연구가 있는 까닭이다.

더불어 차는 우리 몸에 균이 덜 들어오게 하는 효능도 있다. 미국 사우스캐롤라이나대학 에릭 메트슨 박사팀이 국민건강영양조사에 참여한 5,500여 명의 차 마시는 습관과 콧속에 사는 세균 중 인체에 치명적인 슈퍼박테리아(MRSA) 보균율을 분석했다. 연구 결과, 뜨거운 커피나 차를 자주 마시는 사람은 슈퍼박테리아 보균율이 일반인에 비해 절반에 불과했고, 커피와 차 둘 모두를 자주 마시는 사람은 슈퍼박테리아 보균율이 3분의 1에 그쳤다.

이런 영향 덕분인지, 매일 녹차를 한 잔씩 즐겨 마시는 습관을 들이면 전혀 녹차를 마시지 않을 때보다 폐렴 사망률이 41% 낮다는 일본 도호쿠대학 이쿠 와타나베 교수의 연구 결과가 있다.

매일 아침 출근해서 제일 먼저 하는 일은 컴퓨터를 켜는 것이고, 그다음이 커피를 마실 준비를 하는 일이다. '일을 시작하기 전 커피 한 잔을 먼저 마신다'는 공식이 있는 것처럼 출근하면 자동적으로 머그

컵을 닦고 원두커피를 담거나 믹스커피를 타서 마신다. 머릿속에 오늘 할 일을 정리하고, 즐겁게 하루 일을 시작하는 나만의 공식이랄까. 물론 아침부터 정신없이 기사를 써야 하는 날은 이런 공식이 생략되기도 하는데, 커피의 부재 탓인지 그런 날은 확실히 머리 회전속도도 둔하고 스트레스도 심하다. 그래서 매일 아침마다 커피를 습관적으로 찾는 것은 아닌가 싶기도 하다. 조금의 각성 효과와, 조금의 여유와, 조금의 행복을 얻기 위해서.

요즘은 커피 한 잔을 사들고 출근하고, 점심 식후에도 커피 한 잔을 즐기는 사람이 적지 않다. 회의할 때도 자연스레 차를 마시는 문화가 널리 자리를 잡고 있는데, 머리가 맑고 편한 분위기에서 좀 더 창의적인 아이디어가 나온다는 사실을 부지불식간에 현대인이 인식하고 있는 까닭이다. 생각해보면 요즘만큼 차 문화가 대중에게 깊숙이 파고든 때도 없다. 커피와 차 전문 체인점이 식당만큼 즐비하게 늘어서 있고, 어디서든 쉽게 수십 종류의 커피를 접할 수 있으며, 우리가 마실 수 있는 차 종류는 세기 어려울 정도다. 잠시 잠깐이라도 선택의 기쁨을 누리고, 더불어 차 한 잔이 주는 여유와 행복을 누리고픈 우리네 심리가 그대로 반영된 것이 아닐지 싶다.

커피나 차를 마실 때도 행복을 더하는 공식이 있다. 우선 차는 되도록 기계가 아닌 사람 손이 많이 들어간 것을 마시는 게 좋다. 요즘은 차와 커피도 대량생산되는 까닭에 마트에서 쉽게 사먹을 수 있는데, 손수 만든 차와 마트에서 사 먹는 차의 항산화 물질 함유량이 최대 20배나 차이가 난다는 보고가 있다.

또한, 마음이 시리거나 위장이 편하지 않을 때, 중요한 시험을 앞두고 있을 때는 차를 따끈하게 해서 마시는 것이 좋다. 따뜻한 차는 확실히 사람의 마음을 위로하고 위장을 편안하게 해주는 효능이 있다. 시험이 있을 때도 따끈한 차를 보온병에 담아다가 틈틈이 마시는 게 좋은데, 뇌 기능이 향상되는 데다 혈압마저 안정돼 과도한 긴장으로 실수하는 일 없이 실력을 100% 발휘하게 도와준다. 더불어, 여행지에서 정체불명의 물을 마셔야 하거나 수해에 수돗물을 마셔야 할 때는 물에 찻잎을 넣고 끓여 마시는 게 건강을 챙기는 비결이다. 차는 중금속을 해독하는 작용을 해서 몸에 해로운 물질을 없애준다.

커피나 차 모두 종류가 다양한 만큼 때에 맞춰서 골라 마시면 행복지수를 더 높일 수 있다. 우선 커피만 놓고 보면, 뇌를 깨우고 싶을 때는 진한 아메리카노가 좋고, 공복일 때는 카페라떼가 그만이며, 기분이 꿀꿀할 때는 캐러멜 마끼아또같은 달달한 커피가 제격이다. 차는 커피보다 종류도 많고 그만큼 효능도 다양한데, 우선 홍차는 기름기가 많은 음식을 먹을 때 마시면 개운하고 콜레스테롤 수치까지 낮춰줘서 건강에 이롭다. 또 피로할 때 인삼차를 마시면 우리 몸의 면역력이 증강돼 쉽게 피로를 이겨낼 수 있다. 감기 기운이 있을 때는 유자차를 마시는 게 좋다. 유자는 비타민C 함유량이 높기 때문에 초기에 감기를 떨쳐내는 데 도움을 준다.

기침을 심하게 하거나 멀미 때문에 고생할 때는 생강차를 마시자. 생강차에는 염증을 가라앉히고 속을 편하게 해주는 성분이 들어 있다. 소화가 잘 안 되고 입맛이 없을 때는 매화차가 제격이다. 매화차는 소화를 촉진해주고, 입맛을 돋우는 효과를 낸다. 또, 다이어트를 할 때는 우롱차나 진피차를 즐겨 마시자. 우롱차는 지방을 분해하는 효소를 활발히 활동하게 해주고, 진피차는 지방을 흡수하는 작용을 막아서 체중 감량에 도움이 된다. 또한, 허브차 중 캐모마일차는 불면증일 때 좋고, 페퍼민트차는 속이 불편할 때 그만이며, 백차는 피부 노화를 막고 몸 안의 염증 수치를 줄이는 데 탁월하다.

매일 5분, 한 잔의 차가 주는 여유를 즐겨보자.

바쁠수록 돌아가라는 선문답의 의미를 깨치게 될지 모른다.

그때 양귀자 작가는 '행복해지는 차'라며 기자에게 손수 찻잎을
부숴서 우린 허브차 한 잔을 내줬다. 그의 말 덕분인지,
그에 대한 팬심 덕분인지, 그날 따뜻한 허브차 한 잔이
안겨준 행복감이 참 컸다.

23_춤추는 사람의 시간은 즐겁게 흐른다

춤을 추다 보면 어느새 행복이 저만큼에서 이만큼 다가와 있다. 같은 음악도 얌전히 앉아서 감상할 때보다 머리를 까닥이며 리듬을 탈 때 더 기분이 좋고, 팔과 다리를 움직이면 신명마저 난다. 신나는 춤은 스트레스를 풀어주고, 잔잔한 탱고는 마음을 위로하며, 재미난 춤은 웃음 폭탄을 선사한다. 수많은 사람이 버킷 리스트의 하나로 춤 배우기를 꼽는 이유도 여기에 있다. 지금 이 순간 행복하게 살기 위해서.

영화 〈빌리 엘리어트〉에서 우리는 춤을 출 때 그 누구보다 행복한 남자아이 빌리(제이미 벨)를 만나게 된다. 빌리의 아버지(게리 루이스)

는 쇠락해가는 탄광촌에서 어린 아들이 살아남을 길을 터주기 위해 권투를 가르치려고 한다. 그러나 체육관에서 정작 빌리의 눈길을 끈 것은 권투가 아닌 발레였다. 체육관 한 귀퉁이에서 열린 발레교실에서 토슈즈 대신 복싱화를 신고 어설프게 발레를 시작한 빌리.

어머니의 부재 속에 탄광촌 파업으로 바쁜 아버지와 형(제이미 드레이븐), 치매에 걸린 할머니(진 헤이우드)와 기쁠 일 하나 없이 지내던 빌리의 삶은, 발레를 시작하고 크게 달라진다. 마을을 껑충껑충 뛰어가는 소년 빌리의 모습에서 누구나 그의 행복을 짐작한다. 그리고, 발레교실 교사(줄리 월터스)의 추천으로 대도시 런던의 오디션장에 서게 된 빌리는 춤을 출 때 어떤 느낌이냐는 면접관의 물음에 "새가 된 듯 날아오르는 기분"이라고 말한다. 10여 년 뒤 성공한 발레리노가 된 빌리(애덤 쿠퍼)는 환상적인 춤사위를 선보이며 보는 이마저 행복하게 만든다. 뒤에서 늘 그의 성공을 응원한 아버지와 형의 감격에, 춤을 춘 빌리도 그들만큼 행복하지 않았을까.

이미 수많은 연구에서 춤의 행복 효과를 입증해왔다. 영국 노팅검 대학 테오도르 스티클리 교수팀이 지역주민 대상의 춤 강습회를 매주 열고 어떤 변화가 일어나는지 살펴봤는데, 춤 강습회 이후 지역주민의 행복 지수가 확실히 올라갔다고 한다. 영국 퀸즈대학 조나단 스키너 박사팀도 노인 대상의 연구에서 춤을 추면 행복해지고 건강해진다고 밝힌 바 있는데, "춤 자체가 기쁨과 관심거리가 되어주고 혼자라는 생각이 덜 들게 하며 통증마저 줄여주기 때문"이라고 설명했다. 리듬에 맞춰 춤을 추면 확실히 우리의 마음도 건강해진다. 춤은 운동할 때와 유사한 건강 효과를 내는 데다, 엔도르핀, 옥시토신 같은 행복호르몬의 분비마저 늘려주는 까닭이다.

춤은 운동보다 재미있고 삶의 활력을 높여주는 효과도 낸다. 한양대학 생활스포츠학과 조문식 박사팀이 성인 330명을 춤을 춘 그룹과 피트니스를 한 그룹으로 나눠서 효과를 비교해봤는데, 댄스 그룹이 피트니스 그룹보다 재미와 활력 같은 정서적인 측면에서 높은 점수를 얻었다. 춤은 우울증, 조현병(정신분열병) 같은 정신질환을 극복하는 데도 도움이 된다. 경미한 우울증을 겪는 13~18세 소녀를 3년 중 16개월간 일주일에 2번씩 춤을 춘 그룹과 춤을 추지 않은 그룹으로 나눠서 어떤 차이가 생기나 비교해봤더니, 춤을 춘 그룹이 춤을 추지 않은 그룹보다 우울 증상 같은 정신건강 상태가 개선됐다는 스웨덴 건강관리과학센터 연구 결과가 있다.

춤은 우리의 몸마저 건강하게 지켜주는 효과를 낸다. 우선, 춤을 추면 만병의 근원인 비만을 쉽게 막을 수 있다고 한다. 빠른 춤을 한 시간 동안 추면 600kcal가량이 소비되는데, 이는 한 끼 식사에 해당하는 칼로리다. 춤과 비만 예방에 대한 흥미로운 연구 결과가 하나 있다. 바로 매일 한 시간씩 춤을 추면 우리를 뚱뚱하게 만드는 유전자의 활성마저 억제된다는 것이다. 미국 마이애미대학 에바드니 램퍼서드 박사팀이 청소년 752명의 혈액에서 2개의 비만 유전자를 채취하고 체중, 체질량지수를 조사한 다음, 매일 1시간씩 춤을 췄을 때 어떤 효과가 나타나는지 살펴봤다. 연구 결과, 매일 1시간씩 춤을 추면 비만 유전자의 변이가 억제돼 뚱뚱해질 확률이 떨어졌다. 실제 2개의 비만 유전자에 변이가 생긴 사람은 변이가 없는 사람보다 비만 위험이 70% 올라가고, 당뇨병 발병 위험이 40% 높아지며, 몸무게 역시 3kg이나 더 나가게 된다고 한다.

춤은 혈압마저 떨어뜨린다. 강릉원주대학 체육학과 김남정 교수팀이 65세 이상 노인 24명을 춤을 춘 그룹과 춤을 추지 않은 그룹으로 나눠서 혈압 변화를 살펴봤다. 연구 결과, 춤을 춘 그룹은 혈압이 10mmHg가량 떨어졌지만 춤을 추지 않은 그룹은 혈압에 거의 변화가 없었다. 춤을 춘 덕분에 혈압이 떨어지면 심뇌혈관질환에 걸릴 위험마저 낮아진다.

이뿐 아니다. 춤을 추면 뼈가 단단해지고 균형감마저 생겨서 우리가 불행에 빠질 위험도 확실히 줄어든다고 한다. 부산대학 체육교육과 백영호 교수팀이 40세 이상 여성 16명을 춤을 춘 그룹과 춤을 안 춘 그룹으로 나눠서 골밀도 변화를 살펴봤는데, 춤을 춘 그룹이 춤을 안 춘 그룹보다 골밀도가 3배가량 올라갔다. 골밀도가 높으면 넘어져도 뼈가 부러질 확률이 확실히 준다. 또한 인천대학 운동건강과 학부 신호수 교수팀이 고령 여성 28명을 12주간 춤을 춘 그룹과 춤을 추지 않은 그룹으로 나눠서 낙상위험도를 측정했는데, 춤을 춘 그룹이 춤을 추지 않은 그룹보다 낙상 위험이 떨어졌다.

춤은 퇴행성질환의 악화를 막는 데도 도움이 된다. 뇌의 도파민 분비가 줄어서 몸의 움직임이 느려지는 파킨슨병 환자에게 매일 1시간씩 20회 탱고를 추게 했더니 파킨슨병 증상이 개선됐다는 미국 워싱턴대학의 연구 결과가 있다. 게다가 춤은 뇌를 건강하게 해서 치매 위험마저 줄여준다. 캐나다 맥길대학 패트리샤 매킨리 교수팀이 68~91세 노인 30명에게 춤을 10주간 추게 한 뒤 어떤 변화가 생겼는지 살펴봤는데, 기억력 검사 점수가 올라갔고 복잡한 일을 처리하는 능력도 향상됐다. 의학자들은 "춤을 출 때는 춤 동작과 순서를 기억해야 하고, 춤 동작을 할 때마다 공간 위치를 생각해야 해서 뇌가 두루 자극을 받는다"며 "이 때문에 치매 전 단계인 경도인지장애를 극복하는 데도 춤이 도움이 된다"고 말한다. 실제 춤을 추면 치매 위험마저 70% 이상 준다는 연구 결과가 나와 있다.

춤을 추면 행복해지는 다른 이유도 있다. 춤을 잘 추는 사람은 확실히 매력적으로 보여서 이성에게 쉽게 호감을 얻을 수 있다는 것이다.

실제 독일 괴팅겐대학 베른하르트 핑크 박사팀이 똑같은 차림의 남자 대학생 40명의 춤추는 모습을 비디오로 촬영한 다음, 여대생 50명에게 어떤 사람이 매력적인지 평가하게 했다. 연구 결과, 여대생은 외모와 상관없이 춤을 잘 추는 남성일수록 더 매력적이라고 답했고, 힘도 셀 것으로 봤다.

고등학교 1학년, 수학여행 댄스파티에서 처음으로 춤을 춰봤다. 율동이 아니라 진짜 춤 말이다. 그리고 알았다. 춤이 참 재미있다는 사실을 말이다. 리듬을 탈 줄 몰랐던 사람이 그 후부터 음악에 무의식적으로 반응을 한다. 춤을 출 때 기분이 좋아진다는 것을 몸과 마음이 저절로 체득한 탓이 아닐까 싶다. 그래서 춤의 마력이 무섭다고 하나보다.

요즘도 가끔 음악을 듣다가 길에서 무의식적으로 손이나 발, 머리를 까닥이는 스스로를 발견하고 소스라치게 놀란다. 그러나 주위를 두리번거리다가 아무도 없으면 어느새 다시 리듬을 탄다. 거부할 수 없는 춤의 마력 탓이랄까.

영화 〈작업의 정석〉의 한지원(손예진)처럼 사무실에서 익살스런 표정으로 트로트 리듬에 몸을 흔들다가도, 누군가 다가오면 언제 그랬냐는 듯 얌전을 빼는 모습이 '행복의 정석'은 아닌 것을 안다. 그러나 춤을 아예 안 추는 것보다는 숨어서라도 시시때때로 추는 게 확실히 행복하지 않을까.

재미있는 사실은 춤이 개인의 행복 외에, 단체의 행복에도 지대한 영향을 준다는 것이다. 집단 구성원 모두의 마음을 하나로 응집하는 힘이 춤에 있는 까닭이다. 미국 스탠포드대학 스코트 월터무스 박사 팀이 성인 96명을 혼자 춤을 추는 그룹과 여럿이 춤을 추는 그룹으로 나눠서 춤을 추게 한 다음, 독자적으로 행동할지, 함께 행동할지를 살펴봤다고 한다. 연구 결과, 여럿이 춤을 춘 그룹이 혼자 춤을 춘 그룹보다 여러 사람과 함께 행동하려는 경향을 보였다. 여러 사람과 함께 응집해서 무엇인가를 할 때 조직의 성과가 더 올라가고, 조직에 소속됐다는 안정감을 느껴서 행복 지수도 더 오르기 마련이다. 수많은 대회의 응원전에 춤이 빠지지 않는 이유도 여기 있었던 셈이다.

요즘 병을 치료하는 하나의 방법으로 춤을 권할 만큼, 행복과 건강 효과에서 춤이 확실히 인정을 받고 있다. 스트레스, 고혈압, 당뇨병, 우울증을 비롯해 정신지체, 자폐증, 섭식장애, 불안장애, 온갖 중독 같은 각종 질환을 치료하는 데 춤이 효과가 있다고 댄스테라피스트들은 말한다. 춤 치료는 몸짓이 마음 상태를 알려주고, 몸이 움직이면 마음도 움직인다는 원리에 따른다. 아직 국내에서 춤 치료는 병원에서 하는 정식치료와 잘 연계되어 있지 않다. 그러나, 한국댄스테라피협회 같은 믿을만한 곳에서 춤 치료에 대한 정보를 얻어서 질병의 치료에 춤을 접목해보는 것을 일부 의학자들이 권하고 있는 게 현실이다.

춤을 출 때 행복 효과를 높이는 방법이 있다. 바로 개인의 취향과 춤을 추고 싶은 이유에 맞춰서 적절한 춤을 택해서 추는 것이다. 우선, 스트레스를 풀고 싶을 때는 막춤 같이 아무런 구애를 받지 않는 춤이 도움이 된다고 한다. 외로울 때는 배려심이 느껴지는 탱고를 배워보자. 상대의 배려에 외로움도 눈 녹듯이 사라질지 모른다. 멀어진 연인이나 부부 사이를 회복하고 싶을 때는 함께 라틴댄스를 배워보자. 서로의 새로운 모습에서 매력을 발견하면 사랑도 다시 찾아온다.

또, 감성을 키우고 근력을 강화하고 싶을 때는 발레가 그만이라고 한다. 잘못된 자세를 교정하고 싶을 때는 살사나 탱고, 벨리댄스를 배워보자. 표현력과 문제해결력이 떨어지는 사람은 창작무용을 하면 도움이 된다. 춤은 질병 치료에도 효과가 그만인데, 치매 예방을 위해서는 볼룸댄스가 좋고, 고혈압이 있을 때는 심장에 자극이 덜한 왈츠나 룸바가 추천된다. 고령이라 부상 위험을 줄이고 싶다면 아리랑에 맞춰 춤을 춰보자.

다이어트에도 춤이 효과적인데, 빼고 싶은 부위나 연령에 따라 적합한 춤이 다르다. 우선 벨리댄스는 복부 근육을 만들고 허리를 잘록하게 하는 데 그만이다. 봉춤은 팔, 배, 가슴, 등 같은 근육을 많이 사용해서 S라인의 아름다운 몸매로 만들어주고, 루치아케인은 성장판을 자극하는 효과가 있어서 비만 어린이에게 안성맞춤이다.

가끔은 음악에 맞춰 손이나 발, 머리를 움직여보자.

작은 동작 하나에 행복이 다가온다.

춤을 추다 보면 어느새 행복이 저만큼에서 이만큼 다가와 있다.
같은 음악도 얌전히 앉아서 감상할 때보다 머리를 까닥이며
리듬을 탈 때 더 기분이 좋고, 팔과 다리를 움직이면 신명마저 난다.
신나는 춤은 스트레스를 풀어주고, 잔잔한 탱고는 마음을
위로하며, 재미난 춤은 웃음 폭탄을 선사한다.

24_ 따뜻한 마사지는 마음까지 따뜻하게 만든다

　나른한 오후, 뻐근한 뒷목과 흐린 정신을 깨우기 위해 전신의 근육을 자근자근 손으로 주무르다 보면 어느새 힘이 솟아오른다. 근육 주변의 혈관이 늘어나서 혈액 순환이 원활해지고 에너지가 오가는 기의 통로마저 뚫린 까닭이다. 마사지는 현대인의 고질병인 스트레스마저 쉽게 풀어준다. 온몸이 곤두서있을 때 근육을 만져주면 긴장이 풀리고 스트레스도 차츰 줄어든다. 가족이나 친구 같이 친밀한 사람과 서로 마사지를 해주면 서로에 대한 마음마저 커진다. 서로의 따뜻한 체온을 통해 따스한 마음마저 전달된 덕분이다.

　영화 〈오직 그대만〉에서 시력을 잃은 정화 (한효주)는 직장상사의 횡포에 회사를 그만두고 철민(소지섭)과 함께 지내면서 마사지를 배운다. 몸을 쓰는 일을 많이 하는 철민에게 시각장애인인 그녀가 맘껏 해줄 수 있는 것이 마사지인 까닭이다. 그리고, 마사지를 해주면 철민이 행복해할 것이라는 확신이 그녀에게 있었기 때문이 아닐지 싶다. 철민이 그녀의 시력을 되찾아주고 사라진 뒤, 정화가 병원에 마사지 봉사를 하러 다닌 데에도 이런 이유가 숨어있는 듯하다. 자신이 낸 교통사고로 돌아가신 부모님에 대한 자책을 시력을 잃은 것으로 위로했던 그녀였기에, 철민에 대한 마음의 빚을 다른 사람을 기쁘게 하는 일인 마사지로 대신하고 싶지 않았을까.

그러던 어느 날 정화는 한 병원에서 반신마비가 된 철민을 우연히 마사지하게 된다. 그리고 그 순간 그에 대한 남다름을 느끼지만 김학선이라는 명패를 보고 마음을 접는다. 불구의 몸이 된 후 애써 정화를 잊으려했던 철민도 정화의 손길을 느낀 뒤 마음이 심하게 흔들린다. 그녀에 대한 마음의 크기가 줄지 않고 그날 이후 더 커진 탓이다. 그래서 영화는 해피엔딩으로 끝난다. 정화가 철민을 '마사지'라는 매개로 만나지 않았다면 두 연인은 어쩌면 평생 떨어져 살았을지도 모른다. 그러나 사랑에 대한 마음이 크면 만나지 못할 이유의 크기는 작아진다.

마사지의 행복 효과는 두 연인을 잇는 데 그치지 않는다. 마사지의 다양한 행복 효과는 수많은 연구를 통해 밝혀져 있다. 우선 몸이 아플 때면 우리는 자연스레 몸을 주무르는데, 마사지를 하면 통증이 가신다는 사실을 이미 자연스레 체득했기 때문이다. 실제 동의과학대학 간호과 이상주 교수팀이 만성 두통을 앓는 42명에게 8주간 마사지를 하게 했는데, 진통제 투여 횟수가 5분의 1정도로 줄었고 그 결과 행복의 척도로 꼽히는 '삶의 질' 점수마저 크게 개선됐다. 마사지를 할 때 통증 조절이 이렇게 잘 되는 이유는 무엇일까. 캐나다 맥마스터대학 연구팀에 따르면, 마시지를 하면 우리 몸의 세포 안에서 통증을 유발하는 단백질을 만드는 특정 유전자가 3분의 1로 줄어든다고 한다.

마사지는 우리의 몸을 건강하게 해줘서 우리를 불행에 빠지지 않게 돕고, 불행 속에서 쉬이 우리를 건져낸다. 김천과학대학 뷰티디자인과 김은자 교수팀이 65세 이상 29명에게 전문 마사지사를 통해 1주일에 3회씩 총 10회 발마사지를 받게 하고, 혈압, 맥박, 혈류 속도의 변화를 살펴봤다. 연구 결과, 발마사지 전후로 혈압이 5mmHg 이상 낮아졌다. 맥박수도 1분에 73회에서 68회로 떨어졌고, 혈류 속도마저 15~18% 빨라져서 혈액순환도 원활해졌다. 마사지를 하면 혈압과 맥박을 떨어뜨리는 부교감신경이 활발히 움직이고 전신의 혈액순환도 원활해지는 것이다.

더불어 혈액과 림프액 속 면역세포 역시 마사지를 할 때 활발하게 활동해서 우리 몸의 면역력을 높여준다. 마사지를 자주 하면 감기나 치주질환 같은 작은 병은 간단히 물리칠 수 있는 셈이다. 또한 마사지는 변비를 낫게 하는 효과를 내서 다양한 항문질환도 예방해준다. 선문대학 간호학과 정미영 교수팀이 변을 원활히 보지 못하는 여대생 38명에게 복부 마사지를 한 다음 어떤 변화가 있는지 4주 뒤 살폈더니, 1주일간 배변 횟수가 2.4회에서 3.1회로 늘어났다.

마사지는 스트레스를 줄이고 불안하거나 우울한 마음을 안정시키는 데도 도움이 된다. 정미영 교수팀이 복부 마사지를 한 여대생 38명의 스트레스 강도를 확인했는데, 스트레스 점수가 58.5점에서 23.4점으로 크게 떨어졌다. 더불어, 마사지는 마음을 편안하게 해주는 뇌파를 나오게 해서 우리를 행복하고 건강하게 해준다고 한다.

앞서 김천과학대학 뷰티디자인과 김은자 교수팀은 발마사지를 받은 노인 29명에게 뇌전도 검사를 같이 해봤다. 그랬더니 발마사지를 한 뒤, 뇌파 중 마음을 안정시키는 알파파가 확실히 늘었다. 또한 몸이 많이 아픈 사람은 마음마저 병들기 쉬운데, 몸이 아플 때 마사지를 자주 하면 아픈 몸이 치유되고 마음마저 단단해진다.

삼육대학 간호학과 오복자 교수팀이 암 환자를 대상으로 발마사지를 했던 연구 16편을 분석한 결과, 암 환자가 발마사지를 하면 구토와 통증이 잦아들고 불안한 마음마저 감소하는 효과를 냈다. 마사지는 수면장애를 없애고, 피로를 줄이는 효과도 높다. 목포대학 간호학과 엄미란 교수팀이 수면장애와 요통으로 고생하는 65세 이상 여성 47명에게 매주 5회씩 4주간 마사지사를 통해 발마사지를 받게 했다. 그 결과, '수면의 질' 점수가 마사지 전 33.4점에서 마사지를 한 2주 뒤 45.7점, 4주 뒤 52.4점으로 올라갔다. 또 공주대학 간호학과 이선영 교수팀이 65세 이상 42명에게 향료를 묻힌 손으로 마시지를 한 뒤 변화를 살폈는데, 피로가 줄었고 우울한 마음도 옅어졌다.

이뿐이 아니다. 마시지는 키를 크게 하고, 우리에게 아름다움도 선사한다고 한다. 소아청소년과 전문의 고시환 선생은 《엄마, 나도 롱다리가 되고 싶어요!》라는 건강서에서 마사지를 하면 아이의 키 성장에 도움이 된다고 주장한다. 어깨와 허리, 배, 허벅지, 손, 종아리, 발, 발바닥을 풀어주면 성장을 자극하는 호르몬의 분비가 원활해지고, 뼈가 바르게 자라며, 소화가 잘 돼 성장에 도움이 된다는 것이다.

또한, 요즘은 작은 얼굴이 대세인데, 마사지로 얼굴의 크기마저 줄이는 미용 효과를 얻을 수 있다고 한다. 연세대치과병원 구강내과 김성택 교수팀이 성인 여성 10명에게 매주 2회씩 10주간 얼굴에 마사지를 하게 하고 어떤 변화가 생기는지 살폈다. 연구 결과, 마사지 전후로 얼굴 부피가 $731mm^3$ 줄었고, 광대뼈와 턱 주변의 근육 두께가 각각 $0.4mm$, $0.44mm$ 감소했다. 연구진은 얼굴 마사지의 효과가 보톡스

주사를 맞아서 얼굴을 줄이는 수준에 버금가며, 효과 지속 기간도 비슷하다고 주장한다.

　대학 때, 수지침 동아리에 잠시 적을 둔 때가 있다. 수지침 강연은 때가 잘 맞지 않아서 한 번도 제대로 들은 기억은 없지만, 강의가 빌 때마다 동아리방에 찾아가서 선배들이 경혈마사지를 하는 모습은 꽤 봤다. 그때 경혈마사지에 능숙한 한 선배가 "다도로 몸을 따뜻하게 데운 뒤 경혈마사지를 하면 어느새 스스로 잠에 빠져 든다"며 그때의 기분을 '신선이 된 듯하다'고 표현한 적이 있다. 한 시간가량 잠을 자고 일어난 사람은 너나할 것 없이 "오늘처럼 달게 잠을 잔 적이 없었다"며 평온하고 행복한 마음을 드러낸다는 것이 선배의 주장이다. 아직 마사지를 해서 그 같은 경지를 느껴 본 적은 없지만, 목과 어깨가 단단히 굳어 있을 때 근육을 풀어주면 어느새 피로가 풀리고 날선 마음도 둥그레진다는 것은 체험으로 안다.

　인간은 행복하기 위해서 선사시대부터 여러 가지를 찾아내고 만들어냈는데, 마사지도 그 가운데 하나가 아닐까 싶다. 언제부터 마사지를 했는지는 정확히 모르지만 고대부터 마사지를 해온 것은 확실하다. 인도의 아유르베다 마사지는 자연치유 효과가 뛰어나서 현재까지 각광받고 있는데, 그 역사가 5,000년을 거슬러 올라가는 것으로 추정된다. 아유르베다 마사지는 식물을 찧거나 빻은 뒤 가열해서 만든 약초나 식물에서 추출한 오일을 써서 몸을 주무르는 것이다. 이 마사지를 하면 우리 몸의 자연치유력이 길러져서 몸과 마음이 건강해진다고 한다. 우리나라에도 비슷한 마사지법이 있는데, 바로 경혈 마사지다. 한방에서 침을 놓는 혈 자리를 따라서 마사지를 하는 것으로, 침을 놓는 것과 유사한 효과를 볼 수 있다고 한의사들은 말한다. 혈 자리를 정확히 눌러줄 때 특히 높은 효과를 보는데, 정확한 혈 자리가 아니라 그 주변을 마사지해도 효과를 볼 수 있다고 한다.

마사지 효과를 더 높이는 방법이 있다. 우선 마사지를 하기 전 37~40도 정도의 물에 몸을 담그는 것이다. 단단해진 몸을 따뜻한 물로 먼저 풀어주면 마사지를 할 때 효과가 더 올라간다. 마사지를 하기 전 따뜻한 차를 한 잔 마시는 것도 몸을 이완시키고 편안하게 해줘서 도움이 된다. 또, 마사지를 할 때는 손을 따뜻하게 한 뒤 마사지를 하자. 두 손을 비벼주는 간단한 일이 마사지의 효과를 높이고 스스로나 타인에게 대접받는 기분을 느끼게 해서 우리를 행복하게 해준다.

크림이나 오일을 사용하면 마사지의 효과가 더욱 좋아진다. 피부와 손의 마찰력이 줄어서 쉽게 마사지가 되고, 피부 감촉마저 부드러워서 기분이 괜히 좋아진다. 여기에 크림과 오일의 좋은 향까지 더해지면 행복 지수도 금방 올라간다. 또, 아로마 오일을 쓰면 특유의 건강 효능마저 얻게 된다.

마사지를 하는 부위나 바라는 효능에 따라서도 마사지 방법을 달리해야 효과를 제대로 보게 된다. 두피의 혈액순환을 촉진하려면, 머리카락을 손가락으로 빗질하듯 푼 다음 손가락을 벌린 채 양 손으로 목을 잡고 정수리 방향으로 쓸어 올린다. 심장에서 혈액이 뇌로 올라가는 것을 돕는 것이다. 이때 머리카락이 한 움큼 잡히면 손가락을 조여서 두피와 직각이 되게 당기는 것이 두피에 좋은 자극이 된다.

두통이 있을 때, 머리만 주무르는 사람이 적지 않다. 그러나 제대로 효과를 보려면 목과 어깨를 같이 주물러주는 것이 좋다. 두통이 목과 어깨 주변의 근육 긴장이 원인일 때도 적지 않은 까닭이다. 또 변비가 있을 때는 배꼽을 중심으로 시계 방향으로 마사지를 해야 한다. 대장이 항문으로 향하는 방향이 시계와 같은 방향이기 때문이다. 손이나 다리에 도드라진 정맥류를 마사지할 때도 손이나 발부터 시작해서 심장 방향으로 쓸어 올려야 효과를 제대로 볼 수 있다.

일상에 마사지를 접목하면 매일매일 행복 지수를 높일 수 있다. 세수 같이 적어도 하루 두 번은 하게 되는 일에 마사지를 활용하는 것이다. 생각해보면 그 방법도 어렵지 않다. 얼굴에 물을 적시고 비누로 거품을 충분히 낸 뒤 원을 그리듯 세안을 하면 저절로 마사지가 되기 때문이다. 턱이나 코 같이 유분이 많은 곳을 작은 원을 그리며 꼼꼼히 마사지하면 피부 미용 효과까지 덤으로 얻는다. 또 눈꺼풀을 지그시 누르고, 다양한 경혈 자리가 많은 목까지 같이 씻어주면 건강 효과마저 높일 수 있다. 세안 뒤 얼굴을 닦을 때도 수건으로 얼굴을 문지르지 말고 톡톡 두드려주면 주름살도 덜 생긴다. 일상의 작은 변화 하나가 행복을 몰고 오는 셈이다.

몸이 아프거나 마음이 싱숭생숭할 때, 손으로 몸을 자근자근 주물러보자.

통증이 쉬이 가시고 마음이 차분해져서 절로 행복이 찾아든다.

마사지는 현대인의 고질병인 스트레스마저 쉽게 풀어준다.
온몸이 곤두서있을 때 근육을 만져주면 긴장이 풀리고 스트레스도
차츰 줄어든다. 가족이나 친구 같이 친밀한 사람과 서로 마사지를
해주면 서로에 대한 마음마저 커진다. 서로의 따뜻한 체온을
통해 서로의 따스한 마음마저 전달된 덕분이다.

25_맛깔 나는 인생은 맛있는 음식에서 시작한다

음식을 맛있게 먹을 때만큼 행복한 순간은 없다. 눈을 감은 채 음식을 천천히 음미하고 음식 고유의 식감을 입으로 느끼고 귀로 듣노라면 기분이 저절로 좋아진다. 음식 가짓수가 수천 개에 이르는 요즘, 식도락에 빠지는 사람이 셀 수 없이 많은 이유가 여기에 있다. 그 어느 때보다 행복에 관심이 많은 시대에 사는 만큼 아직 맛보지 않은, 셀 수 없이 많은 맛있는 음식을 찾아다니며 먹는 행복을 놓치기 어려운 것이다.

특별한 날 맛보는 별미가 아니더라도 김치찌개나 된장찌개같이 어릴 때부터 흔히 먹어온 음식도 우리를 행복으로 몬다. 추억이라는 매개를 통해서 더 강력히 말이다. 미국 버팔로대학 조던 트로이시 박사 팀이 실험 대상을 두 팀으로 나눠 6분간 한 팀은 가까운 사람과 다툰 일에 대해 글을 쓰도록 하고, 나머지 한 팀은 특별한 주제 없이 글을 쓰게 했다. 그런 다음 두 그룹을 다시 둘씩 나누어 친숙한 음식에 대해 글을 쓴 그룹과 새로운 음식에 대한 글을 쓴 그룹으로 나눠서 4개 그룹의 외로움의 크기를 조사했다.

연구 결과, 가까운 사람과 다툰 일에 대해 글을 쓴 그룹은 특별한 주제 없이 글을 쓴 그룹에 비해 더 외로워했다. 그러나 가까운 사람과 다툰 일에 대해 글을 쓴 그룹 중 친숙한 음식에 대해 글을 쓴 그룹은 새로운 음식에 대해 글을 쓴 그룹보다 외로움이 크게 줄었다. 어릴 때부터 집에서 즐겨 먹던 추억의 음식을 생각하는 것만으로 우리의 기분이 좋아지는 것이다.

"음식이 우리를 행복하게 해준다"는 명제는 이미 연구를 통해 수차례 입증됐다. 미국 캘리포니아대학 월터 케이 교수팀이 식사를 하는 사람의 뇌를 PET(양전자단층촬영)로 관찰했더니 음식을 먹을 때 사람의 뇌에 도파민이 나오면서 행복감을 느꼈다. 맛있는 음식은 우리를 확실히 행복하게 해준다. 신체 건강에는 전혀 도움이 되지 않는 음식조차 말이다.

대만의 대만대학 창 헝하오 교수와 미국 아칸소대학 로돌포 나이가 교수 공동 연구팀이 패스트푸드와 탄산음료 섭취량에 따른 어린이 2,366명의 행복도를 조사했다. 연구 결과, 패스트푸드와 탄산음료를 많이 먹은 어린이는 패스트푸드와 탄산음료를 잘 먹지 않는 어린이보다 행복해했고, 슬픔이나 우울 같은 부정적 감정도 덜 느꼈다.

건강한 음식도 당연히 우리를 행복하게 해준다. 신선한 채소와 과일에 많은 항산화 성분의 음식을 즐기는 사람은 삶을 낙관한다고 한다. 미국 하버드대학 줄리아 뷤 박사팀이 25~74세 1,000여 명에게 삶의 태도를 묻는 설문조사를 한 다음, 혈액검사를 해서 항산화 성분인 카로티노이드 수치를 측정했다. 설문조사 결과, 긍정적 답변을 한 그룹의 혈액 내 카로티노이드 수치가 부정적 답변을 한 그룹보다 높았다. 의학자들은 "항산화 성분이 많이 든 음식은 스트레스를 줄여주는 효과도 낸다"며 "또 대부분의 음식은 기분을 즐겁게 만들어주는 세로토닌이나 도파민 같은 뇌신경전달물질이 잘 나오게 돕는다"고 설명한다.

음식은 통증을 줄이는 기능도 한다. 좋아하는 음식을 상상하는 것만으로 말이다. 미국 위스콘신대학 해미드 헤크맷 박사팀은 성인 남녀 60명에게 얼음물에 손을 담그게 하고 좋아하는 음식을 상상한 그룹, 풍경을 상상한 그룹, 아무 상상도 안 한 그룹으로 나눠서 통증을 느끼는 데 걸리는 시간과 통증을 견뎌내는 시간을 비교했다. 연구 결과, 좋아하는 음식을 상상한 그룹은 아무 상상도 안 한 그룹보다 통증을 더 천천히 느꼈고, 통증을 2배 더 잘 참았다. 풍경을 상상한 그룹은 약간 통증을 덜 느꼈지만, 아무 상상도 안 한 그룹과 큰 차이는 없었다.

이뿐 아니다. 음식은 우리를 너그럽게 만드는 효과도 낸다. 미국 컬럼비아대학 조너선 리바브 교수팀이 가석방 요청에 대한 1,000건의 법정 결정 자료를 판사가 음식을 먹기 전후로 나눠서 어떤 영향을 미치는지 분석했다. 그런데, 판사가 음식을 먹은 직후에는 너그러운 결정을 많이 내렸지만 식사를 하기 전에는 좀처럼 너그러운 결정을 하는 경우가 없었다고 한다.

모든 음식은 다양한 건강 효능도 낸다. 대표적인 것이 초콜릿인데, 코코아 함유량이 50%를 넘는 다크 초콜릿의 경우 한 조각만 먹어도 스트레스를 줄여주고 뇌 기능을 향상시킨다. 스위스 네슬레연구센터 서닐 코허 박사팀이 성인 30여 명에게 다크 초콜릿 40g을 2주간 매일 먹게 하고, 혈액과 소변에서 스트레스호르몬인 코티솔과 카테콜아민 수치를 측정했다. 연구 결과, 다크 초콜릿을 섭취하기 전보다 다크 초콜릿을 섭취한 후 코티솔과 카테콜아민 수치가 줄었다. 연구가 끝날 때는 연구 중일 때보다 스트레스호르몬이 더 줄었다고 한다.

더불어 초콜릿은 치매 위험도 낮춰준다. 영국 옥스퍼드대학 데이비드 스미스 교수팀이 70~74세 2,031명을 대상으로 초콜릿 섭취량에 따라서 기억력, 판단력 같은 인지능력에 차이가 있는지 조사했다. 연구 결과, 매일 초콜릿을 10g가량 먹은 그룹은 초콜릿을 먹지 않은 그룹보다 인지기능 검사에서 높은 점수를 얻었다.

다크 초콜릿의 효과 중 눈에 띄는 것은 심뇌혈관질환에 대한 것이다. 독일 쾰른대학병원 디르크 타우베르트 박사팀이 수축기 혈압과 이완기 혈압이 각각 130~160mmHg와 85~100mmHg인 20여 명에게 다크 초콜릿 6.8g을 18주간 먹게 했는데, 수축기 혈압이 2.9mmHg, 이완기 혈압이 1.9mmHg 낮아졌다. 타우베르트 박사는 "다크 초콜릿을 먹었을 때 혈압이 큰 폭으로 떨어지지는 않았지만, 심혈관질환 합병증을 낮추는 효과를 볼 수 있는 수치"라고 주장했다. 이런 주장을 뒷받침하는 연구 결과가 또 있다.

이탈리아 가톨릭대학 유전환경역학연구소 리시아 이아코비엘로 박사팀이 건강한 성인 5,000여 명의 초콜릿 섭취량을 조사하고 혈액 속에서 심혈관질환의 위험을 높이는 염증(C반응성 단백질) 수치를 검사했다. 연구 결과, 다크 초콜릿을 즐겨 먹는 그룹은 다크 초콜릿을 잘 먹지 않는 그룹에 비해 C반응성 단백질 수치가 17% 낮았다. 그 외에 심장발작을 경험해본 사람이라면 다크 초콜릿을 늘 챙겨야 할 것 같다. 일주일에 다크 초콜릿을 최소 2번 이상 먹으면 심장병으로 사망할 위험이 60% 이상 준다는 스웨덴 카롤린스카연구소의 연구 결과가 있기 때문이다.

삶의 즐거움에서 식도락은 결코 빠지지 않는다. 미국의 정치가 벤자민 프랭클린이 "먹는 것은 자신을 즐겁게 하기 위함이요, 입는 것은 남을 즐겁게 하기 위함이다"라고 말한 것처럼 음식을 먹는 것은 순수하게 자신을 행복하게 해주는 일이다. 그래서 매일 세끼, 무엇을 먹을까 고민하는 것은 이 세상 모든 고민 중 가장 행복한 고민이다. 요즘은 맛집을 찾아가기 위해서라면 4~6시간의 이동거리도 마다치 않는 사람이 적지 않다. 심지어 당일치기로 해외에 나가서 특정 음식을 먹고 오는 사람까지 있다. 먹는 즐거움이 그만큼 큰 것이다.

음식은 마법처럼 사람들을 행복하게 만드는 힘이 있다. 프랑스 작은 마을을 배경으로 한 영화 〈초콜릿〉에서 비안느(줄리엣 비노쉬)는 초콜릿 하나로, 무기력하고 재미없게 살던 사람들을 활력이 넘치고 정열적인 사람들로 바꿔 놓고, 싸우기 바쁜 이웃을 화해하고 아름답게 살게 한다. 음식의 힘을 만만히 볼 게 아닌 셈이다.

그런가 하면 일상에서 음식이 주는 영향도 상상 그 이상이다. 그래서 때에 따라 음식을 골라서 먹으면 우리는 행복과 함께 몸과 마음의 건강마저 확실히 챙길 수 있다. 우선, 스트레스를 많이 받을 때는 다크 초콜릿이 탁월한 선택이다. 다크 초콜릿은 스트레스호르몬 수치를 낮춰주는 효능을 내기 때문이다.

우울할 때는 연어나 참치, 고등어를 챙겨 먹어보자. 이들 생선은 오메가3 지방산을 다량 함유하고 있는데, 오메가3 지방산 수치가 낮으면 우울증을 겪을 가능성이 커진다는 연구 결과가 있을 만큼 오메가3 지방산은 우울한 마음을 가시게 하는 효과가 탁월하다. 또한, 생선 속 단백질은 뇌신경전달물질인 도파민과 세로토닌의 수치를 올려주는 효과마저 높다.

불면증에 시달릴 때는 바나나나 아몬드를 먹는 게 좋다. 두 음식에는 잠을 잘 들게 해주고 단단히 굳은 근육을 풀어주는 마그네슘이 풍부하며, 수면을 촉진하는 단백질인 트립토판도 다량 들어 있다. 따뜻한 우유 한 잔도 불면증을 없애는 데 도움이 된다. 우유에는 트립토판이 많이 들어 있고, 수면을 촉진하는 물질인 멜라토닌이 우리 몸에서 잘 나오게 돕는 칼슘도 많다. 예민해진 신경을 안정시켜주는 마그네슘과 칼륨도 들어 있다.

몸이 아플 때 음식을 잘 골라서 먹으면 우리 몸의 자연치유력도 커진다. 혈압이 높을 때는 건포도나 포도주스를 마시면 좋다. 포도 속

폴리페놀과 섬유질, 칼륨은 혈압을 낮춰주는 효과를 내기 때문이다. 폐경기 여성은 매일 사과를 먹으면 심혈관질환 예방에 도움이 된다. 미국 플로리다주립대학 연구진이 폐경기 여성에게 사과 75g을 매일 먹게 하면서 3개월에 한 번씩 혈액검사를 했다. 연구 결과, 3개월 뒤 나쁜 콜레스테롤인 LDL 콜레스테롤이 16% 줄었고 6개월 뒤에는 24% 감소했다.

기름기가 많이 든 음식을 먹을 때는 양파를 챙겨 먹자. 양파는 혈액 속의 불필요한 지방과 콜레스테롤을 없애주는 효과를 낸다. 긴장성 두통이 있을 때는 감자를 먹으면 좋다. 감자 속 탄수화물은 세로토닌 수치를 높여서 긴장성 두통 조절에 도움이 된다. 머리나 목, 허리, 어깨가 아플 때에도 초콜릿이 제격이다. 초콜릿은 엔도르핀 분비를 촉진시켜서 통증을 줄여준다. 초콜릿 음료를 따뜻하게 해서 마시면 경직된 근육까지 풀린다.

매운 음식도 통증을 줄이는 데 도움이 되는데, 매운 음식이 체내 통증을 느끼는 세포를 자극해서 뇌에서 엔도르핀이 분비되게 하기 때문이다. 몸이 잘 붓는 사람은 미나리를 먹으면 좋다. 미나리에는 이뇨제 성분이 들어있어서 붓기를 잘 빼준다. 신장결석을 앓는 사람은 말린 살구를 간식으로 먹자. 말린 살구의 섬유질, 나트륨, 칼륨은 미네랄이 신장에 쌓여서 결석이 되는 것을 막아준다.

또, 배가 더부룩할 때는 발효 요구르트를 마시면 좋다. 발효 요구르트 속 유익균이 가스 발생을 막아주는 덕분이다. 위궤양이 있을 때는 양배추가 도움이 된다. 양배추 속에는 헬리코박터균을 없애고 종양이 자라지 못하게 하는 성분이 있다. 치질이 있으면 섬유질이 풍부한 무화과를 먹는 게 좋다. 무화과는 변을 부드럽게 보게 해준다. 변비가 있을 때는 복숭아나 포도를 먹자. 복숭아와 포도에는 펙틴이 풍부해서 장 활동에 도움을 준다.

또, 피부 노화를 막기 위해서는 딸기, 토마토, 두부, 밀을 즐겨 먹는 게 좋다. 딸기에 다량 들어 있는 비타민C와 안토시아닌은 피부 건조와 주름을 막아준다. 토마토에 들어 있는 라이코펜은 피부를 매끈하게 만들고 햇볕에 덜 그을리게 해준다. 두부에 든 이소플라본은 피부를 탱탱하게 하는 콜라겐이 자외선에 덜 파괴되게 해준다. 밀에는 토코페롤이 들어 있어서 피부 노화와 잔주름을 예방한다.

좋아하는 음식이 많은 사람은 행복한 사람이다.

매 식사에 최선을 다하는 사람이 행복한 사람인 것처럼 말이다.

삶의 즐거움에서 식도락은 결코 빠지지 않는다. 미국의 정치가 벤자민 프랭클린이 "먹는 것은 자신을 즐겁게 하기 위함이요, 입는 것은 남을 즐겁게 하기 위함이다"라고 말한 것처럼 음식을 먹는 것은 순수하게 자신을 행복하게 해주는 일이다.

26 _ 비는 식물을 씻어주고
식물은 걱정을 씻어준다

꽃을 키우거나 화초를 가꿀 때면 누구나 쉬이 행복해진다. 꽃의 아름다운 빛깔과 향긋한 향은 우리의 눈과 코를 가득 채워서 우리를 즐겁게 해주고 삶에 활력마저 불어넣는다. 초록을 가득 머금은 화초 역시 마음을 차분하게 가라앉혀서 우리를 평온하게 한다. 식물을 가꾸는 것이 우리를 행복에 더 가깝게 다가서도록 하는 것이다.

드라마 〈아이리스〉에서 NSS 요원 최승희(김태희)는 동료이자 연인인 김현준(이병헌)이 눈앞에서 죽음을 맞자 방안에 틀어박혀 나오지 않는다. 현준과의 행복했던 기억과 갑작스럽게 닥친 일련의 혼란스런 사건에서 좀처럼 마음을 잡을 수 없었기 때문이다. 그러다 승희는 친척이 운영하는 화원에서 꽃을 가꾸는 소일을 하면서 차츰 절망에서 벗어나게 된다. 말없이 그녀를 위로하는 생명체에 정성을 쏟게 되면서 저절로 몸과 마음이 치유되고 삶에 활력마저 얻게 된 것이다.

승희만큼의 절망은 아니지만, 은퇴 후 실의에 빠진 노인이나 자식을 떠나보낸 후 허망해하는 폐경기 여성 상당수가 식물 가꾸기로 삶의 활력과 행복을 되찾고 있다. 그렇다면 식물을 가꾸는 것만으로 우리가 정말 행복해질까. 이런 의문에 대한 답은 이미 연구를 통해 명백히 밝혀져 있다.

미국 텍사스주립대학과 텍사스A&M대학 공동 연구팀이 50대 이상 298명에게 정원 가꾸기를 하는지 여부에 따라 삶이 재밌는지, 건강 상태는 어떤지와 같은 삶의 질에 대해 조사했다. 연구 결과, 정원 가꾸기를 하는 그룹이 정원 가꾸기를 하지 않는 그룹보다 삶을 재미있게 느꼈고 건강 상태에 대한 자신감도 커서 전반적인 삶의 만족도가 높았다.

이런 식물 가꾸기의 행복 효과는 직장에서도 누릴 수 있다. 미국 텍사스주립대학 연구팀이 직장인 450명을 직장에서 식물을 키우는 그룹과 식물을 키우지 않는 그룹으로 나눠서 행복에 어떤 영향을 미치는지 살펴봤는데, 직장에서 식물을 키우는 그룹이 식물을 키우지 않는 그룹보다 확실히 더 행복한 것으로 조사됐다. 이런 효과는 아픈 사람에게도 똑같이 적용된다고 한다. 노르웨이의 노르웨이대학과 스웨덴 웁살라대학 공동 연구팀이 재활치료 중인 436명의 입원 환자를 공동 입원 구역에 식물을 둔 그룹과 식물을 두지 않은 그룹으로 나눠서 2년간 어떤 차이가 있는지 살펴봤다. 연구가 끝난 뒤 두 그룹을 비교 분석했더니, 공동 입원 구역에 식물을 둔 그룹이 식물을 두지 않은 그룹보다 더 행복해했고 삶의 만족도 역시 높았다.

식물이 우리를 행복하게 하는 데는 과학적인 이유가 있다. 우리의 몸과 마음은 온도와 습도에 굉장히 예민한데, 식물이 실내에 있으면 실내 온도가 겨울철에는 올라가고 여름에는 내려간다고 한다. 또 식물은 뿌리로 흡수한 물의 약 1%만 사용하고 나머지는 공기 중으로 배출하기 때문에 우리에게 쾌적한 습도를 선사한다.

더불어, 식물은 오염물질을 빨아들여서 공기마저 깨끗하게 해준다. 식물의 잎 뒷면에 있는 기공이 오염물질을 빨아들이고 일부 분해하는 데다, 공기 중 이산화탄소를 이용해 광합성을 한 다음 쓴 이산화탄소와 똑같은 양의 산소를 공기 중에 내뿜는다. 미국 펜실베니아 주립대학 연구팀이 첫 번째 방에는 세 개의 화분을 놓고 두 번째 방에는 아무 화분도 두지 않은 채로 두 방에 똑같은 양의 오존을 넣었는데, 세 개의 화분을 넣은 방이 아무 화분도 두지 않은 방보다 오존이 빨리 사라졌다. 또, 미국 조지아대학 연구팀이 오염물질이 가득한 유리병에 관상용 식물을 넣었더니, 오염물질이 점차 없어져서 탁한 유리병 안이 차츰 깨끗해졌다고 한다.

소일거리로 정원을 가꾸는 사람은 몸도 건강하다. 정원 가꾸기를 즐기는 노년층이 심장병이 생길 가능성이 낮다는 미국 하버드대학 연구 결과가 있다. 게다가, 식물을 키우는 사람은 스트레스에도 혈압 변화가 그리 극심하지 않다고 한다. 이외에, 병실에 꽃이나 화분을 둔 입원 환자는 수술 후 통증이 덜하고, 혈압과 심장박동이 안정되며, 피로감도 덜하다는 연구 결과가 있다. 이뿐 아니다. 꽃이나 녹색 식물을 가꾸면 우리의 마음도 튼튼해진다고 한다.

여러 색깔과 다양한 크기를 가진 꽃은 스트레스를 확실히 줄여 준다. 농촌진흥청 원예연구소에서 초등학생 60명을 대상으로 수학 시험을 볼 때 꽃을 책상 위에 올려놓은 그룹과 꽃이 없었던 그룹으로 나눠 시험 전후 스트레스호르몬 수치를 측정했다. 연구 결과, 꽃을 책상 위에 올려놓은 그룹은 시험 전보다 스트레스호르몬 수치가 20ug/mL 올라가는 데 그쳤지만, 꽃이 없었던 그룹은 50ug/mL나 올라갔다.

또한, 녹색식물을 바라볼 때 뇌에서 안정감을 주는 알파파가 증가하므로, 외로움 같은 우리 마음을 병들게 하는 정서도 식물을 키우며 충분히 달랠 수 있다. 식물에게 관심을 기울이고 대화를 나누며 교감하다 보면 정서가 안정되고 삶이 풍요로워져서 외로움도 줄게 마련이다. 그래서 식물을 가꾸면 환자의 회복도 앞당겨진다고 한다. 영국 런던왕립대학 기스킨 데이 박사팀이 꽃이 환자에게 미치는 영향에 대한 연구들을 종합해서 분석한 뒤 환자와 의료진을 대상으로 설문조사를 했다. 그 결과, 꽃이 환자의 마음에 긍정적 영향을 미치고, 병에서 빨리 회복되도록 돕는 것으로 확인됐다.

식물을 기를 때, 우리가 행복해지는 까닭은 여기에서 끝나지 않는다. 식물을 아이가 책임지고 기르게 하면 정서 함양에 도움이 되고 책임감도 기르게 된다. 또, 식물을 옆에 두면 집중력이 향상되고 기억력도 강화된다. 고려대학 생명과학부 박천호 교수팀이 중학교 1학년과 3학년 학생에게 장미향을 1분간 흡입하게 했더니, 집중력과 기억력에 영향을 미치는 뇌파가 증가했다.

그래서 꽃을 가꾸는 일은 치매 환자에게 좋다고 한다. 헤브리병원 원예치료실 조문경 실장팀이 15명의 치매 환자를 원예치료와 약물치료를 병행한 그룹과 약물치료만 한 그룹으로 나눠서 치매의 경과를 관찰했다. 2개월 뒤 두 그룹에 어떤 변화가 생겼는지 검사해봤더니, 원예치료와 약물치료를 병행한 그룹이 약물치료만 한 그룹보다 마음이 안정됐고, 기억력, 집중력 같은 인지기능도 더 좋아졌다.

한때 애완식물이라는 말이 쓰일 정도로 직장인 사이에 식물을 기르는 열풍이 분 적이 있다. 그 덕인지 어쩌다 이름 모를 식물이 담긴 화분 하나가 생겨서 책상 위에 두고 키운 적이 있다. 매일 아침 인사를 건네고 물을 줄 때의 행복한 마음은 좋은 하루를 예감하게 해주었고, 별 탈 없이 차츰 커가는 식물을 볼 때마다 뿌듯한 마음마저 일어서 괜히 기분이 좋았다.

물론, 이런 행복은 오래가지 못했다. 15cm 남짓 자란 뒤부터 햇볕을 제대로 못 봐서 그런지 차츰 시들기 시작했고, 편집 기자 선배들이 있는 창가 자리로 화분을 옮기고부터는 물을 챙겨주는 것도 잊어서 화분의 행방이 묘연해진 사실도 한참 뒤에 알았다. 그러나, 책상 위에 잠시 식물을 키울 때는 매일 아침을 즐겁게 시작해서인지 확실히 스트레스가 다른 때보다 적은 하루를 보냈던 것 같다. 또 행복 지수도 살짝 높았다고 감히 말해본다.

요즘은 원예치료라는 말이 널리 쓰일 정도로 식물의 치유력을 높이 사는 추세다. 마음과 몸의 문제를 꽃과 같은 식물을 기르면서 해결하도록 돕는 것이 원예치료다. 대표적으로 치매 환자는 색깔이 화려하고 향이 진하며 모양이 독특한 꽃이 뇌를 많이 자극해서 치유 효과를 높인다고 한다. 요즘은 텃밭을 가꾸는 프로그램을 운영하는 병원도 있다. 호르몬치료로 급격히 몸과 마음이 힘들어지는 유방암 환자에게 텃밭을 가꾸게 하면 기분이 좋아지고 삶에 활력이 생겨서 치유에 도움이 된다는 것이 그 이유다. 원예치료사들은 "그냥 집에서 자신이 좋아하는 꽃을 바라보는 것만으로 행복 지수를 높이고 치유 효과를 볼 수 있다"고 주장한다. 아침에 눈을 떴을 때 활짝 핀 꽃을 본 여성은 하루 종일 기운이 솟고 기분도 좋다는 하버드대학 의대 낸시 에트코프 박사의 말이 이를 뒷받침한다.

식물을 가꿀 때 행복 효과를 배가하는 방법이 있다. 첫째, 색감이 다양한 식물을 키우는 것이다. 다양한 색의 식물을 키우면 정신 건강에도 좋고 행복 지수도 쉽게 높일 수 있다. 둘째, 같은 장미도 색깔별로 다른 효과를 내기 때문에 상황에 따라서 다른 색감의 식물을 기르는 것이다. 우선, 식물의 기본색인 초록빛은 우리 마음을 안정시켜준다. 노란 꽃은 식욕을 불러일으켜서 입맛이 떨어질 때 주방에 두면 좋다고 한다. 분홍색 꽃은 스트레스를 줄여주는 효과를 내서 작업실에 두면 도움이 된다. 붉은 꽃은 저혈압이 있는 사람에게 특히 좋다. 그러나, 고혈압이나 심혈관질환이 있을 때는 붉은 꽃을 피할 필요가 있다. 이때는 파란 꽃을 기르는 것이 낫다. 파란 꽃은 불면증일 때도 효과적이다. 자색 꽃도 불면증에 좋은데, 두통이나 어깨통증을 줄여주는 또 다른 효과도 볼 수 있다. 마지막으로, 하얀 꽃은 다이어트에 도움이 된다고 한다.

셋째, 식물의 특성을 참작해서 식물을 배치하면 더 높은 행복 효과를 보게 된다. 싱고니움은 일할 때 옆에 두고 있으면 스트레스를 줄여준다고 한다. 은방울꽃은 집중력을 향상시켜 주고 마음을 편안하게 해준다. 율마와 아이비는 마음을 안정시키고 기억력 향상에 도움을 줘서 아이 공부방에 두면 제격이다. 허브 중 라벤더는 긴장감을 떨어뜨리고, 민트는 기분을 좋게 해주는 효과를 낸다. 산세베리아는 음이온을 다량 내뿜어서 마음을 안정시켜주기 때문에 불면증 개선에 도움이 된다. 게발선인장은 밤에 산소를 많이 만들어내서 코골이 같이 야간 산소 부족에 시달리는 사람에게 유용하다.

또한 쉐프렐라, 스킨답서스는 잎을 통해서 전자파 차단 효과를 톡톡히 내기 때문에, 컴퓨터를 늘 켜놓고 일하는 사람의 책상에 두면 좋다. 아레카야자 같이 잎이 많은 관엽식물을 실내에 두면 잎에서 수증기를 배출해 40~60%의 적정 습도를 유지해 준다. 잎사귀 면적이 클수록 전자파 차단 효과나 습도 조절 효과가 높다.

또, 스파티필름, 테이블야자, 자메이카, 스킨답서스는 가스를 켤 때 나오는 휘발성 유기물을 없애고 음식 냄새를 잡는 데 효과적이기 때문에 주방에 두면 좋다. 관음죽은 암모니아 제거에 탁월해서 화장실에 두는 게 안성맞춤이다. 보스턴고사리나 스킨답서스, 푸밀라고무나무는 새집증후군의 원인이 되는 포름알데히드를 없애는 데 탁월해서 새집으로 이사하는 사람에게 선물하면 좋다. 국화, 아이비, 선인장, 대나무는 탁한 공기를 맑게 해줘서 우리를 늘 행복으로 안내한다.

말없는 식물과 이야기를 나눌 때 우리는 심연에 갇힌 스스로에게 곧잘 침착해 들어간다.

내면의 상처를 돌보며 식물만큼 커나갈 때 우리는 더 행복해진다.

꽃의 아름다운 빛깔과 향긋한 향은 우리의 눈과 코를 가득 채워서
우리를 즐겁게 해주고 삶에 활력마저 불어넣는다. 초록을 가득
머금은 화초 역시 마음을 차분하게 가라앉혀서 우리를
평온하게 한다. 식물을 가꾸는 것이 우리를 행복에
더 가깝게 다가서도록 하는 것이다.

27_따스한 목욕물은 엄마 품처럼 포근하다

따뜻한 물에 몸을 담그고 있노라면 괜히 행복해진다. 여기에 음악과 책, 차나 음료까지 더해지면 세상사 부러울 것이 없다. 그래서 몸과 마음이 잔뜩 굳은 날에는 따뜻한 물속에 몸을 담그는 일이 무척이나 간절해진다. 전신 구석구석의 혈관으로 피가 힘차게 돌면서 몸속 피로 물질이 몸 밖으로 빠져나가고, 체온이 올라가면서 면역력이 동반 상승하기 때문만은 아니다. 몸과 마음 모두에 영향을 미치는 신경계가 조화를 이뤄서 내면에 평화가 깃들고, 뇌에서 행복호르몬인 엔도르핀이 분비되면서 행복해지는 것도 결코 빼놓을 수 없는 이유다.

SBS 드라마 〈내 사랑 나비부인〉에서 남나비(염정아)도 따뜻한 물에 몸을 담그는 것을 결코 포기하지 못한다. 시댁에 들어가서 좌충우돌 일을 잔뜩 벌여놓고, 고무대야 속에서 반신욕을 즐길 만큼 말이다. 이틀에 한 번 반신욕을 했던 딸에 대한 애정이 지극했던 남나비의 엄마(이보희)가 시댁 마당에서 꽃을 따 넣어서 고무대야에 물을 받아줬을 때, 엄마를 닮아 철없고 자기감정에 솔직한 남나비는 "역시 우리 엄마밖에 없다"며 바로 목욕 모드로 돌입한다. 반신욕을 하면서 헤드폰을 끼고 음악을 듣던 남나비의 모습이 오래 기억에 남는 것은 폭풍 전야 속에서 그녀가 진정 행복해 보였기 때문이다.

그렇다면 따뜻한 물에 몸을 담그는 것이 정말 우리를 행복하게 할까. 연구 결과를 바탕으로 추론하자면 결론은 '그렇다'이다. 부산백병원 재활의학과 김현동 교수팀이 21~47세 25명에게 43도의 물에 30분간 족욕을 하게 하면서 양 손등에 전극을 붙여 우리 몸의 신경계의 활성을 측정했다. 연구 결과, 족욕을 하기 전 혈압을 올리고 긴장감을 높이는 교감신경의 활성도가 1.25mV에서 족욕 직후 0.57mV로 절반 넘게 떨어졌다. 교감신경의 활성이 떨어지면 혈압을 낮추고 긴장감을 줄여주는 부교감신경의 활성이 올라가기 때문에 피로가 풀리고 활력이 생긴다. 이뿐 아니다. 교감신경이 억제되면 뇌에서 행복 호르몬인 엔도르핀의 분비까지 늘어나서 기분도 좋아지게 마련이다. 발만 따뜻한 물에 담그고 있어도 우리는 금세 행복해질 수 있는 셈이다.

따뜻한 물에 몸을 담그면 만병의 근원인 통증과 비만도 한 번에 해결할 수 있다. 고대안산병원 재활의학과 강윤규 교수팀이 40도의 물 속에서 하루 30분씩 20회에 걸쳐서 몸을 담그게 했더니, 확실히 통증이 줄어드는 효과가 있었다. 이어 강윤규 교수팀은 복부 CT(컴퓨터단층촬영)를 찍어서 온수욕을 하기 전후의 복부지방과 내장지방의 변화를 관찰했는데, 온수욕 후 복부지방이 줄었고 복부지방 중 몸에 해로운 내장지방 역시 적어졌다. 따뜻한 물에 몸을 담그면 우리 몸의 신진대사가 원활해져서 에너지를 많이 쓰게 되기 때문에, 몸에 축적될 지방이 적어지고 심지어 축적된 지방까지 쓰게 되기 때문이다. 실제 5분간 전신을 욕조에 담그고 있으면 20~30kcal가 소모된다고 한다.

따뜻한 물에서 목욕을 하면 혈액순환이 원활해져서 붓기도 잘 빠진다. 저녁이면 허벅지나 종아리가 퉁퉁 붓는 사람이 적지 않은데, 반신욕으로 충분히 붓기를 뺄 수 있는 것이다. 건국대학 연구진이 성인 여성 8명을 38도의 물에 20분씩 매주 3~4회씩 총 24회에 걸쳐서 몸을 담그게 한 뒤 다리의 붓기 변화를 살펴봤다. 연구 결과, 허벅지 둘레가 60cm에서 58.2cm로 줄었고 종아리 둘레도 35.8cm에서 34.8cm로 얇아졌다.

따뜻한 물에 몸을 담그면 우리 몸의 면역력까지 올라간다. 면역력이 올라가면 우리 몸의 저항력이 커져서 감기에도 덜 걸리고 암 발병 위험마저 줄어서 만병과 멀어질 수 있다. 따뜻한 물에 목욕을 하면 체온이 오르는데, "체온이 1도만 올라가도 면역력이 5배 이상 좋아진다"고 일본 의학자들은 주장한다. 일본의 내과의사 이시하라 유미는 《체온 1도 올리면 면역력이 5배 높아진다》는 책을 낸 적도 있다.

더불어, 따뜻한 물에 몸을 담그면 불면증도 없앨 수 있다. 일본 아시카가대학 수면과학센터 연구진이 저녁 식사 후 90분쯤 따뜻한 물에 몸을 담그게 해서 체온을 0.5~1도가량 올리는 실험을 한 뒤, 이 실험 전후로 수면에 드는 시간에 변화가 있는지 관찰했다. 연구 결과, 잠드는 데 30분 이상 걸렸던 사람조차 온수욕 후에는 5~15분 내에 잠이 들었다. 여름에도 찬물보다 미지근한 물에 몸을 담그는 것이 근육을 이완시켜서 열대야에도 잠을 잘 들게 한다고 한다. 목욕의 시작과 끝에 찬물을 쓰고, 미지근한 물에 몸을 담그면 열대야도 쉽게 물리칠 수 있는 것이다.

이뿐 아니다. 따뜻한 물에 반신욕을 하면 아름다워지는 효과도 톡톡히 보게 된다. JTBC 〈뷰티업〉에 출연한 배우 엄정화는 체중 감량을 위해 시작한 반신욕이 피부까지 좋아지게 해서 어떤 각도에서 찍혀도 예쁘게 나온다는 자신감을 내비친 적이 있다. 엄정화는 매일 따뜻한 물에 청주 한 병을 몽땅 넣어서 반신욕을 한다고 하는데, 청주로 반신욕을 하면 피부 속 노폐물이 잘 빠지고 혈액순환이 원활해지며 피부에 수분이 계속 머물러서 동안 얼굴을 유지하는 데도 도움이 된다고 한다.

게다가, 아기일 때 엄마와 목욕을 같이 한 사람은 커서 스트레스에 덜 취약하다고 한다. 영국 듀크대학 조나 마셀코 교수팀이 성인 482명에게 생후 8개월 때 엄마와 함께한 여러 경험으로 친밀도를 확인한 후 현재의 스트레스 지수를 조사했다. 연구 결과, 엄마와 함께 목욕을 할 정도로 친밀도가 높았던 아기가 성인이 된 후 스트레스에 덜 영향을 받는 것으로 나왔다.

일본 여류작가 에쿠니 가오리가 쓴 《냉정과 열정 사이》에서 여주인공 아오이는 자유롭지만 따분한 일상을 산다. 보석가게에서 일주일에 세 번 파트타임으로 일하고 미국인 사업가 마빈과 미적지근한 동거를 하는 그녀, 아오이가 즐기는 일은 해질녘 따스한 목욕물에 몸을 담그는 일과 독서뿐이다. 소중한 사람을 잃어 본 사람 상당수가 그렇듯 그녀는 삶의 어느 것 하나에 집착하지 않는다. 하지만, 따뜻한 물

속에 몸을 담그고 독서를 하는 아오이를 머릿속에 그리며 책을 읽노라면 그나마 안심이 된다. 지극히 일상적이지만 그녀가 확실히 스스로를 행복하게 하는 일에 관심을 기울이고 있는 듯하기 때문이다.

따뜻한 물에 몸을 담그는 일은 쉽고, 즐기는 방법도 수없이 많다. 우선 몸을 어디까지 담그느냐에 따라서, 몸을 깊숙이 담그는 전신욕이 있고, 가슴은 내놓고 발부터 명치 부분까지 물에 담그는 반신욕이 있으며, 발부터 종아리까지 물에 담그는 족욕이 있다. 특히 족욕은 대야와 따뜻한 물만 있으면 어디서든 가능하다.

이때 노년층이나 병을 앓는 사람은 36~38도가량의 미지근한 물에서 반신욕이나 족욕을 하는 것이 권고된다. 또, 건강한 사람도 전신욕을 할 때는 물의 온도를 36~38도로 해서 10~15분간 몸을 담그는 것이 좋다. 반신욕을 할 때는 38~40도 정도의 온수를 채워서 20분간 하반신을 담그는 것을 권장한다. 족욕은 40~42도의 물에서 10~20분간 발을 담근다. 목욕 방법에 따라서 물의 온도를 달리하는 데는 이유가 있다. 우선 몸을 얼마나 깊숙이 담그느냐에 따라 수압 차가 큰 데다, 물의 온도에 따라 우리 몸의 반응이 다르게 나타나기 때문이다.

대표적으로 42~43도에서 목욕을 하면 위산 분비가 줄어드는 효과를 보지만 33~35도에서 목욕을 하면 위산 분비가 늘어난다. 또한,

40도 미만의 물은 혈압을 낮추고 긴장을 풀리게 하는 부교감신경을 자극해서 우리 몸과 마음의 스트레스를 줄여주지만, 40도를 넘어서는 물은 오히려 교감신경을 흥분시키는 역효과를 낸다고 의학자들은 말한다. 그래서 혈압이 조절되지 않은 고혈압 환자는 40도를 넘는 온도에서 목욕하는 것을 금한다.

물을 담는 욕조의 기능에 따라서도 행복 효능을 배가할 수 있다. 실제 고대안산병원 재활의학과 강윤규 교수팀은 따뜻한 물에 몸을 담글 때 진통 효과와 지방 제거 효과가 어느 정도인지를 살피기 위해 평범한 욕조와 물에 파장을 일으키는 월풀 욕조를 비교했는데, 평범한 욕조에서 온수욕을 했을 때보다 월풀 욕조에서 온수욕을 했을 때 통증 감소 효과가 3배가량 더 높았고, 복부지방과 내장지방의 감소 효과도 각각 2배, 10배가량 더 컸다고 한다.

따뜻한 물에 몸을 담글 때, 우리를 더 행복하게 하는 방법이 있다. 바로 목욕할 물에 또 다른 효능을 내는 것을 더해주는 것이다. 피부 미용 효과를 배가하려면 녹차 목욕이 좋다. 녹차를 마신 후 찌꺼기나 티백을 모아서 작은 주머니에 넣어 욕조에 담가두고 목욕을 하면 피부가 깨끗해진다는 것이다. 녹차 목욕은 혈액순환을 돕고, 지방 제거에도 탁월한 효과를 낸다.

감기에 걸렸을 때는 마늘 목욕을 추천한다. 끓는 물에 마늘을 삶은 뒤 그 물을 섞어서 목욕을 하면 된다. 마늘 목욕은 감기 외에도 아토피질환이나 치질을 앓는 사람에게도 좋다. 추울 때 몸을 따뜻하게 해주는 데는 쑥 목욕이 그만이다. 말린 쑥을 헝겊에 싸서 뜨거운 물에 우려낸 다음 38~40도의 물이 담긴 욕조에 넣어서 목욕을 하면 된다. 쑥 목욕은 몸 안의 독소를 잘 배출하게 돕고 체온을 많이 올려서 면역력을 높이는 효과 또한 크다. 여성의 냉증이나 생리불순에 도움을 주고, 여드름이나 습진에도 좋다.

허리가 아프고 신경통에 시달리는 사람은 국화 목욕을 하자. 국화를 말린 다음 주머니에 담아서 15분 정도 끓인 뒤 그 물을 욕조에 넣어주면 된다. 무기력할 때는 구기자를 넣어서 목욕을 하는 게 도움이 된다. 구기자를 넣고 끓인 물을 섞어서 목욕하면 활력이 생기고 정력까지 증진된다. 뼈를 건강하게 해주는 목욕법도 있는데, 바로 파극천을 이용한 목욕이다. 파극천을 끓여서 약즙을 낸 다음 물에 섞어서 목욕을 하면 뼈와 근육이 튼튼해진다. 건망증을 비롯해 요실금에도 파극천 목욕이 효과가 있다.

무릎이 아플 때는 황백 목욕이 좋다. 황백을 넣고 끓인 물을 걸러서 목욕을 하면 습한 부위가 건조해지고 열이 떨어져서 무릎 통증이 줄어든다. 이외에, 아로마 오일을 목욕할 때 넣으면 아로마 오일의 특성에 따라서 다양한 건강 효능을 볼 수 있다. 대표적으로 스트레스를

많이 받는 날은 라벤더나 캐모마일, 네롤리, 샌달우드, 일랑일랑, 로
즈마리, 페퍼민트를 2~3방울 넣어서 목욕하면 한결 기분이 가벼워
진다.

피곤할 때는 따뜻한 물에 우리 몸을 스르륵 녹여보자.

피로가 저절로 풀리고 얼굴에 행복한 미소가 떠오를 것이다.

따뜻한 물에 몸을 담그고 있노라면 괜히 행복해진다.
여기에 음악과 책, 차나 음료까지 더해지면 세상사 부러울 것이
없다. 그래서 몸과 마음이 잔뜩 굳은 날에는 따뜻한 물속에 몸을
담그는 일이 무척이나 간절해진다.

28_ 바보는 방황하고,
현명한 사람은 여행한다

행복을 찾기 위한 과정이자, 그 자체가 행복인 것이 있다. 바로 여행이다. 우리는 행복하기 위해 어딘가로 떠난다. 여행을 떠나는 순간부터가 아니라 계획하는 순간부터 우리는 행복하고, 여행이 끝나고 나서도 오랫동안 우리는 행복하다. 자신을 행복으로 이끄는 열쇠를 찾았기 때문이기도 하고, 여행을 통해 쌓은 값진 추억 때문이기도 하다.

성공한 저널리스트이자 소설가인 엘리자베스 길버트는 불행의 극에 달했을 때, 1년간의 여행을 떠났다. 이탈리아, 인도, 인도네시아를 거치는 여정에서 그녀는 맘껏 먹고 기도하고 사랑하면서 행복한 사

람이 되어 갔다. 그녀는 1년간의 여행에서 행복은 번듯한 외면이 아
닌 알찬 내면에 있고, 손에 잡기 힘든 먼 곳이 아니라 늘 손에 닿는 가
까운 곳에 있으며, 특별함 속에 있는 것이 아니라 평범함 속에 있다
는 사실을 체득하게 된다. 그녀는 이 과정을 새로운 책《먹고 기도하
고 사랑하라》에 고스란히 담아냈다. 이 책을 원작으로 줄리아 로버
츠 주연의 영화가 나오기도 했다.

긴 여행이 아니어도 좋다. 낯선 곳으로 떠나는 단 하루의 짧은 여행
도 분명, 삶에 활력을 불어넣어 준다.《힘들지 않은 인생 없고, 즐겁지
않은 여행 없다》의 저자 장준수 교수는 이와 같은 행복이 여행자가
여행할 때 취하는 자세 때문이라고 역설하는데, 총 17가지의 특성이
있다. 1)지금 이 순간에 집중한다 2)무엇이든 즐기려 애쓴다 3)소유
하지 않고 향유하려 한다 4)내 가슴 속 욕구에 귀 기울이고 채우려고
노력한다 5)혼자 있는 시간을 결코 두려워하지 않는다 6)노는 시간
조차 중요하게 여긴다 7)거대한 세상 앞에 겸손의 철학을 배운다 8)
쉽게 새로운 사람과 교류한다 9)파티에서 술에 취하려 하기보다 놀
려고 한다 10)열정적이다 11)낯선 것을 두려워하지 않고 즐긴다 12)
단순하게 산다 13)남이 가지 않는 길을 가기도 한다 14)여행하기 위
해 좋은 컨디션을 만들려고 노력한다 15)날씨나 물가 등 세상에 관
심을 갖는다 16)배우고 익히려고 한다 17)이 여행의 끝을, 생의 끝을

생각한다.

일상을 여행할 때처럼 살면 '행복하지 않을 수 없다'는 생각이 든다. 그러나 우리는 하루하루 현실의 일상을 살아간다.

여행할 때는 신선하고 낯선 체험을 계획하고 실제 적극적으로 나서서 체험한다. 이 때문에 평소 너무 익숙해서 놓쳐왔던 것까지 여행지에서는 알아챌 수 있다. 똑같은 꽃인데도 여행지에서 본 꽃이 훨씬 예뻐 보이는 것처럼 말이다. 또 여행은 우리를 동심의 세계로 돌아가게 해서 몸과 마음에 묻은 때까지 깨끗이 씻어내 주기도 한다. 여행을 통해 우리가 행복해지는 까닭은 여기에 있다.

영국 금융권에서 실시한 설문조사에 따르면, 지금 행복하다고 답한 사람 중에서 한 달에 3번 이상 여행을 계획하는 중년층 이상이 상당수를 차지했다. 네덜란드 브레다대학 제런 나빈 교수는 "여행을 떠나기 전 휴가에 대한 기대감은 8주간이나 사람들을 행복하게 해준다"고 말했다. 또 여행을 가서 푹 쉬면, 여행이 끝난 뒤 보름 정도까지 행복감이 지속된다는 주장도 있다. 제런 나빈 교수팀이 휴가가 끝난 뒤 행복감을 어느 정도 느끼는지 조사했더니, 여행을 가서 푹 쉬고 온 사람은 행복감이 약 2주 정도 지속되는 것으로 나왔다.

여행을 할 때 행복해지는 이유는 스트레스에 대한 민감도가 크게 줄기 때문이다. 여행을 즐기는 사람은 여행 전과 여행 후까지의 기간을 합쳐 꽤 오랜 시간 스트레스를 덜 받는 셈이다. 이 때문에 여행을 자주 하는 사람은 사망 위험도 떨어지는 것으로 알려져 있다. 심장질환이 생길 위험이 높은 1만 3,000여 명을 뽑아서 매년 휴가를 떠난 그룹과 그렇지 않은 그룹으로 나눠서 심장질환으로 사망할 위험을 분석한 연구에서, 매년 휴가를 떠난 그룹이 그렇지 않은 그룹보다 29%나 사망 위험이 낮았다.

또한 질병 종류를 막론하고, 매년 휴가를 떠난 사람들이 그렇지 않은 사람들에 비해서 질병으로 사망할 위험이 17% 가까이 떨어졌다. 스트레스를 받으면 우리 몸에서 스트레스호르몬인 코티솔이 만들어지는데, 이 스트레스호르몬은 심장뿐 아니라 전신에 병을 유발할 수 있다. 그런데 여행과 같은 외부활동은 스트레스호르몬을 줄여준다. 게다가 여행을 가면 건강한 스트레스인 유스트레스가 분출돼 삶의 활력이 높아진다.

여행이 우리를 행복하게 하는 것은 뇌의 특성 때문이기도 하다. 인간의 뇌는 사고보다 감정을 우선 반영한다. 특히 감정을 관장하는 뇌의 변연계는 뇌 내 깊숙한 곳에 자리 잡고 있는데, 다양한 감정을 경험할 수 있는 여행을 하면 변연계가 고양되면서 행복한 감정을 느끼게 된다. 또 여행을 할 때도 자신의 현재 마음에 초점을 맞춰서 의사결정을 하므로 단단히 현실의 땅에 서게 된다. 집중하지 못하고 방황하는 마음wandering mind 상태가 불행한 마음이라는 역설에서, 우리는 여행이 왜 우리를 행복하게 하는지 알 수 있다.

여행은 행복감을 오랫동안 느끼게 하는 현명한 소비로도 꼽힌다. 2010년 미국 코넬대학 연구팀은 물건을 구입하는 것보다 여행을 떠나는 데 돈을 쓰는 것이 행복감을 더 높인다는 연구 논문을 내놨다. 물건을 샀을 때 느끼는 행복감은 순간적인 감정에 그치고, 쇼핑으로 산 물건은 오래될수록 닳고 가치가 떨어진다. 반면, 여행 같은 경험은 행복감이 오래가고, 시간이 지날수록 추억이 재생산되면서 가치가 올라간다. 국내에서도 비슷한 연구 결과가 나온 바 있다. 2011년 서울대학 행복연구센터는 국내 20대, 40대, 60대 각 200여 명의 행복도와 한 달간의 소비 성향을 설문조사했는데, 20대의 경우 물건을 구입하는 등 물질적인 소비 횟수가 적고 여행 등 스스로의 경험에 돈을 쓴 횟수가 많을수록 행복했다. 40대와 60대의 경우도 행복도가 높을수록 여행 같은 경험 소비에 지출하는 액수가 더 많았다.

20대에는 삶이 너무 힘들 때면 차 열쇠 하나만 달랑 집어 들고 여행을 떠나고는 했다. 낮이고 밤이고 상관없었다. 바다고 산이고 들이

고 어디든 개의치 않았다. 길을 따라 달리다가 아무 휴게소에나 들러서 여유롭게 커피 한 잔을 마실 때의 평화로움과 안도감은 참으로 컸다. 여행은 상처 난 몸과 마음을 치유하는 치료제였던 셈이다.

낯설고 물 선 곳에 가면 오감이 열려서 물밀 듯 밀려오는 다양한 감각들에 몸과 마음이 흐드러지게 마련이다. 그래서인지 여행지에서는 타인과 쉽게 말을 트고 음식을 나누어 먹게 된다. 평소 같으면 어림없는 일이다. 때로는 다시 못 볼 타인과 대화하다 생의 의미를 깨닫기도 한다. 친구나 동료와 여행을 떠날 때면 평소 하지 못했던 깊은 속 이야기까지 나누게 된다. 호기심에 동해서 곳곳의 여행지를 어린아이마냥 동동거리며 신나게 뛰어다니는 사람은 결코 불행할 수 없다.

여행처럼 현실과 동떨어진 삶은 우리를 행복하게 해준다. 또 현실에서 떨어져 있을 때만큼, 우리가 현실의 소중함을 깨닫는 때도 없다. 평범한 여행지의 일상이나 대자연 앞에서 떠나온 현실을 직시했을 때, 우리는 떠나온 곳의 소중함을 깨닫고 다시 힘을 내기도 한다.

단 하루의 짧은 여행만으로 우리는 충분히 행복해질 수 있다. 또한, 일 때문에 떠난 여행일지라도 우리를 불행에서 건져 준다. 여행은 단순히 쾌락을 즐기는 시간이 아니기 때문이다. 일시적인 기분인 쾌락과 달리 여행은 우리를 잔잔하고도 오래도록 기분 좋은 상태로 유지시켜 준다.《이 세상의 모든 돈》의 저자 로라 밴더캠은 돈으로 행복을 사는 대표적 방법으로 여행을 추천한다. 여행에 큰돈이 든다 해도 가장 가치 있는 사치가 여행이라는 것이다. 여행을 떠나기 전에는 여행에 대한 기대감 때문에 행복하며, 여행을 하면서는 새로운 경험과 모험을 하며 기분 좋은 상태를 유지하고, 여행 후에는 좋은 추억을 오래 곱씹을 수 있기 때문에 우리는 여행을 통해 3중의 행복을 얻게 된다.

여행을 떠날 때 행복감을 가중시키는 방법이 있는데, 많은 사람들과 여행을 가기보다 혼자 여행을 떠나보는 것이다. 물론 여행은 타인과의 관계 개선에 도움을 주므로, 가족이나 친구와의 여행을 통해 추억을 쌓는 것도 좋은 방법이다. 그러나 삶에 지쳐서 여행을 떠날 때는 혼자 여행을 떠나야만 더 행복해진다고 전문가들은 말한다. 또 여행에서 행복하려면 여행 전 자신에게 맞는 여행 계획을 세워야 한다.

특히 성격이 부정적인 사람은 사소한 일에도 쉽게 여행 온 자체를 후회하기 때문에 상세한 부분까지 주의 깊게 계획하는 것이 전략이다. 여행은 한 번에 오래 다녀오는 것보다 짧게 여러 번 다녀오는 게 행복한 감정을 오랫동안 느낄 수 있는 방법이라고 한다. 여행 일정은 2~6일이 적당하고, 일요일보다 목요일이나 금요일에 여행에서 돌아오는 게 행복감을 더 올린다. 또 여행 후, 잊지 못할 추억이 담긴 사진을 책상 앞에 놓아두거나 노트북, 휴대폰 바탕화면에 깔아놓자. 사진을 볼 때마다 행복한 감정이 되살아나 시시때때로 우리를 웃게 할 것이다.

현실에서 한 발자국만 물러나도 우리는 행복해진다.

행복을 위해 어디든 시시때때로 떠나보자.

행복을 찾기 위한 과정이자, 그 자체가 행복인 것이 있다.
바로 여행이다. 우리는 행복하기 위해 어딘가로 떠난다.
여행을 떠나는 순간부터가 아니라 계획하는 순간부터 우리는
행복하고, 여행이 끝나고 나서도 오랫동안 우리는 행복하다.

29_결혼이란 두 영혼이 만나
두 배로 완전해지는 것

통과의례로 여겨졌던 일생의 필수 과제인 결혼이 요즘은 선택 사항으로 전락했다. 그러나 내 친구들 중 결혼하지 않은 사람은 없다. 여기서 나는 빼야 하지만 말이다. 결혼이 우리를 행복하게 하는 일이 아니라면, 이런 일이 가능할까. 나는 '불가능하다'에 한 표를 던진다.

고대 그리스 철학자 소크라테스는 "결혼은 해도 후회하고 안 해도 후회한다"고 말했다지만, 확실히 결혼은 우리를 행복하게 만드는 요소를 많이 담고 있는 듯하다. 결혼한 남자 기자들이 술자리에서 "결혼을 하면 100가지 중 99가지가 좋은 일"이라고 말할 정도로. 물론 "좋은 일에서 빠지는 단 한 가지 '자유'가 너무 커서 행복에 영향을 준다”며 “결혼은 되도록 늦게 하라”는 조언을 덧붙이긴 했지만 말이다. 실제 많은 연구에서 결혼한 사람이 결혼하지 않은 사람보다 행복하다는 결론을 쏟아내고 있다.

우선, 결혼 전에는 혼자 침대를 쓰다가 결혼을 하면 둘이서 함께 한 침대를 쓰게 된다. 그런데, 잠을 잘 때 한 침대를 쓰는, 이 단순한 이유만으로도 부부는 행복해진다고 한다. 미국 피츠버그대학 심리학과 웬디 트록셀 교수는 연구를 통해 부부가 한 침대에서 자면 스트레스호르몬 수치가 떨어지고, 체내 염증 유발 물질인 사이토카인의 수치가 줄어들며, 행복호르몬인 옥시토신 분비가 늘어난다는 사실을 밝혀냈다.

더불어, 결혼을 하면 배우자와 규칙적으로 성관계를 하게 되는데, 이런 안정적인 성관계도 행복의 중요한 요소임은 말할 나위 없다. 격정적인 사랑 행위보다 잔잔한 사랑 행위에서 행복감이 더 높다는 연구 결과가 있다. 또, 안정적인 관계에서 남녀가 사랑을 나누면 남녀 모두 스트레스호르몬을 억제하는 테스토스테론이나 에스트로겐 같은 성호르몬 분비가 왕성해지고, 행복호르몬인 도파민과 엔도르핀, 옥시토신 분비는 늘어난다고 한다. 일주일에 1~2회 이상 규칙적인 섹스를 하면 감기에도 덜 걸린다. 규칙적인 섹스를 하면 체내 항체 생성 능력이 증가해서 면역력이 올라간다는 미국의 연구도 있다.

성생활은 치유 효과도 있다. 성생활을 할 때 분비되는 옥시토신이 몸속의 세포를 재생시키고, 여성이 오르가슴을 느낄 때 통증을 더 적게 느끼며, 남성이 일주일에 최소 2회 오르가슴을 느끼면 조기 사망 위험이 절반으로 준다고 한다.

이탈리아 플로렌스대학 엠마뉴엘 자니니 박사팀도 성생활과 건강 상태의 상관관계를 조사한 바 있는데, 한 사람과 규칙적으로 성생활을 활발히 한 사람일수록 심장병과 우울증 발병 위험이 낮았다.

이뿐 아니다. 결혼은 그 자체로도 확실히 우리를 행복하게 만든다. 병이 있는 기혼 남성이 건강한 독신 남성보다 오래 살고, 나쁜 건강 행태를 보이는 기혼 남성이 좋은 건강 행태를 유지하는 이혼 남성과 수명이 같다는 흥미로운 연구 결과가 이를 뒷받침한다. 미국 시카고대학 린다 웨이트 박사팀이 중장년층 남성의 사망 원인을 결혼 유무와 건강 상태에 따라 나눠 연구 분석을 했는데 심장병을 앓는 기혼 남성이 건강한 독신 남성보다 4년 정도 오래 살았다. 또 매일 한 갑 이상 담배를 피우는 기혼 남성이 담배를 전혀 태우지 않는 이혼 남성과 수명이 유사하고, 암에 걸렸을 때조차 미혼자보다 기혼자의 생존율이 더 높다는 연구 결과가 존재한다.

한편, 결혼하는 것만으로 생명 연장의 꿈까지 이룰 수 있다. 울산대학 의대 강영호 교수팀이 30세 이상 성인 5,437명을 대상으로 6년간 결혼 유무와 사망률 차이를 조사했는데 미혼자는 기혼자에 비해 사망률이 6배나 더 높았다. 또 독신 남성은 기혼 남성에 비해 사망률이 10년마다 3.4%씩 높아지고, 45세 이상 독신 남성은 기혼 남성에 비해 각종 질병으로 사망할 가능성이 23% 높다는 연구 결과가 있다. 게다가 기혼자는 독신자보다 신체 나이도 어리다. 한 연구에 따르면, 기혼 남성은 독신 남성에 비해 신체 나이가 3년 어렸고, 행복한 결혼 생활을 하는 기혼 남성은 독신 남성에 비해 4년 6개월이나 젊었다.

기혼자는 미혼자보다 치명적인 심장병을 앓을 위험도 적다. 덴마크 오르후스대학병원 키르스텐 니엘슨 박사팀이 30~69세 13만 8,000여 명을 대상으로 배우자와 함께 사는지 여부에 따라 그룹을 나눠서 3년간 협심증, 심근경색 같은 급성 심장증후군 발병율과 사망률을 조사했다. 그 결과, 전체 남성에서 50세 이상 독신 남성은 7%에 그쳤음에도, 급성 심장증후군 진단 후 한 달 내에 사망하는 남성의 10명 중 7명이 50세 이상 독신 남성일 정도로 사망 위험이 높았다. 또, 전체 여성 중 60세 이상 독신 여성은 5.4%에 불과했으나, 급성 심장증후군으로 죽은 10명 중 3명이 60세 이상 독신 여성이었다. 나이는 심장병 발병과 예후에 영향을 미친다는 사실이 이미 잘 알려져 있다. 그런데 확실히 결혼 유무도 심장병 예후에 커다란 영향을 미치는 셈이다.

이런 결과에는 나름 타당한 이유들이 있다. 의학자들은 "기혼자는 옆에서 챙겨주고 잔소리하는 배우자가 있기 때문에 미혼자보다 약을 제때 잘 챙겨먹고 병원에도 더 자주 간다"며 "기혼자가 미혼자보다 운동도 더 자주 하고 흡연이나 음주 같은 건강에 나쁜 행태는 덜한다"고 말한다. 또, 기혼자는 심장마비 같은 응급 상황이 닥쳤을 때 빠르게 대처해줄 배우자가 있고 병에 걸려도 돌봐줄 반려자가 있다. 기혼자가 미혼자보다 생명을 건질 가능성이 높고 병에서 빨리 쾌유할 수밖에 없지 않을까.

결혼해서 행복한 시절은 신혼 때뿐이라고도 하지만, 장기적으로 봤을 때도 결혼은 우리를 행복하게 해준다. 미국 미시간주립대학 연구팀이 20여 년에 걸쳐서 기혼자 그룹과 미혼자 그룹 3만여 명의 행복 수치 변화 정도를 살펴봤다. 그 결과, 나이가 들수록 기혼자 그룹은 행복 수치가 서서히 떨어졌지만 미혼자 그룹은 큰 폭으로 떨어졌다. 또 다른 연구에서 20여 년간 행복에 영향을 미치는 여러 요인을 분석해봤는데, 오직 '결혼'만이 장기간 행복에 영향을 줬다고 한다.

결혼한 친구들은 늘 내게 말했다. "결혼하지 말라"고. 혼자 살 능력만

되면 그냥 혼자 살라고 살살 부추기던 그녀들, 현재 늑대 같은 남편과 토끼 같은 자식 한둘 낳고 알콩달콩 행복하게 잘 산다. 화장 안 하면 아파 보이고 하루하루 기력이 떨어져 만날 만한 사람도 확 줄어든 요즘, 그녀들에게 "정말 혼자 살면 좋을 거 같아?"라고 물어보면 '아니'라고 답한다. 장난처럼 "그럼 나에게 왜 결혼하지 말고 혼자 살라고 그랬어?"라고 물으면 "그냥 해본 말이지, 너 정말 그런 말 때문에 결혼 안 한 건 아니지?"라는 답이 돌아온다. 다행인지 불행인지, 나는 그녀들 말에 귀를 기울였기 때문이 아니라, 내 반쪽을 아직 만나지 못해서 미혼이다. 그녀들의 말을 들었다면 큰일 날뻔했다.

예전에는 운명을 못 만나면 다음 생을 기약할 밖에, 결혼을 안 할 수도 있다고 생각했건만……. 영화 〈김종욱 찾기〉의 "인연을 붙잡아야 운명이 되는 거야"라는 대사 한 줄에 나이가 들수록 귀가 솔깃하다. 주변을 보건데, 웨딩마치를 올리고 결혼생활을 막 시작한 지인들은 사랑과 미움이 극에 달해서 행과 불행도 극과 극을 오가지만, 대체로 행이 더 큰 것 같다. 서로 사랑하는 화성과 금성의 남녀가 지구에 정착하는 게 결혼생활이라면, 혼란기는 당연하지 않을까. 지구에서 혼돈의 적응기를 거친 기혼 남녀는 결혼생활 1년 뒤, 보통 행복 지수가 올라가 있다. 나중에는 여러 사람 앞에서 서로가 서로를 '구제해줬다'고 놀리지만, 결국 진심은 서로를 구제해줘서 고맙다는 의미가 아닌지, 늘 웃음기 끝에 생각해보게 된다.

독신은 외로울 수밖에 없다. 그런데 외로움, 그 자체가 건강에 위협적인 요인이라는 사실이 요즘 의학계에서 재론의 여지없이 받아들여지고 있다. 외로운 사람은 그렇지 않은 사람보다 몸도 마음도 병에 취약하다는 것이다. 미혼자는 기혼자보다 혼자 있는 시간이 많아 외롭다. 그렇기에 미혼자가 기혼자보다 더 건강에 취약할 수밖에 없다는, 독신자에게는 무척 슬픈 3단 논법이 완성된다.

물론, 혼자 사는 것보다 못한 결혼생활도 있다. 미국 브리검영대학 심리학과 줄리안 런스타드 교수팀이 결혼 유무와 만족도에 따른 혈압 수치 변화를 통해서 심혈관질환 발병 위험을 살펴봤다. 연구 결과, 결혼에 만족하는 기혼자 그룹이 독신자 그룹보다 혈압이 하루 평균 4mmHg 높게 나왔다. 여기까지는 당연한 결과다. 그런데, 결혼 만족도가 낮은 기혼자 그룹이 독신자 그룹보다 혈압이 높게 나왔다. 불행한 결혼보다는 솔로로 사는 게 심혈관질환 발병 위험이 더 낮다는 뜻이다. 결혼 유무도 중요하지만, 행복한 결혼생활이 더 중요하다는 것을 반증한다.

불교에서는 결혼 7주년을 화혼식이라고 한다. 결혼생활 7년이면 꽃을 가꾸듯 부부사이를 가꿔가는 노력을 해야 더 행복해진다는 의미가 담겨있지는 않은지. 결혼생활을 행복하게 가꾸는 대전제는 서로 친밀도를 높이는 것이다. 부부 간에 친밀도를 높이는 일은 그리 어려운 일이 아니다. '사랑한다' '고맙다' '미안하다' '잘했다' '내가 잘 못했다' 같은 말을 생활화하는 것, 서로에게 해줄 소소한 이야기를 매일 준비하는 것, 배우자가 집에 들어오고 나갈 때 현관에서 손을 흔들어주는 작은 노력이 행복 지수를 껑충 뛰어오르게 한다.

연세대학 김재엽 교수팀이 노인 남성을 대상으로 7주간 아내에게 '사랑한다' '미안하다' '고맙다' 같은 표현을 매일 하게 했더니, 스트레스 지수가 50% 줄었고 항산화 능력 지수는 30% 올라갔다. 부부간에 매일 사랑한다고 이야기하면 암도 예방이 되고, 부부간에 친밀도가 높으면 밤에 숙면을 취한다는 연구 결과가 이를 뒷받침한다. 또, 결혼생활이 행복하려면 남편이나 아내의 가족과 친구와 가깝게 지내는 게 좋다. 남편의 가족이나 친구와 친하게 지낼수록 부부의 행복도가 올라간다는 연구 결과가 있다.

지구인 절반 가운데 단 한 사람, 나의 짝을 만나 제2의 삶을 사는 것이 결혼이다. 단 한 명의 짝을 행복하게 하려고 노력하는 삶이 '결혼＝행복' 공식의 정석이다.

배우자가 있다면, 오늘 하루 그 또는 그녀를 기쁘게 할 일을 계획해보자.

그 또는 그녀가 웃을 때, 당신도 행복해진다.

웨딩마치를 올리고 결혼 생활을 막 시작한 지인들은
사랑과 미움이 극에 달해서 행과 불행도 극과 극을 오가지만,
대체로 행이 더 큰 것 같다. 서로 사랑하는 화성과 금성의
남녀가 지구에 정착하는 게 결혼 생활이라면,
혼란기는 당연하지 않을까.

30_꿈이 있는 사람은 쉽게 지치지 않는다

"행복은 성취의 기쁨과 창조적 노력이 주는 쾌감 속에 있다." 미국 대통령 프랭클린 D. 루스벨트의 이 말에 반기를 드는 이는 없을 것이다. 그래서 꿈이나 목표가 없는 사람은 불행하다. 꿈이 없을 때는 무엇을 해도 그다지 열심히 하지 않고 무엇을 성취해도 기쁨이 그리 크지 않다. 더구나 꿈이 없는 이는 망망대해에서 어느 방향을 향해 나아가야 할지 모르는 사람과 다르지 않다.

반면, 꿈이나 목표가 뚜렷한 사람은 행복하다. 꿈이 있는 이는 무엇이든 열심히 하고 조그만 성취에도 꿈과 거리가 좁혀졌다는 순수한 기쁨에 쉽사리 휩싸이기 때문이다. 또 삶의 지표가 명확해서 거대한 파도가 덮쳐도 결코 희망을 버리지 않고 앞으로 나아간다. 더구나 꿈을 생각하는 순간에 우리는 확실히 행복하다. 그래서 크던 작던 꿈이나 목표가 있는 사람은 행복한 사람이다.

2012년 연말 서울대병원 흉부외과 김원곤 교수의 '몸짱되기 성공 노하우'를 취재하기 위해 그를 만났을 때 '김원곤 교수는 행복한 사람'이라는 느낌을 받은 것 역시 그의 꿈 때문이었다. 정년을 10여 년 앞두고 김원곤 교수는 "60세가 되기 전 아름다운 몸을 만들어서 누드 사진을 찍자"라는 목표를 정해뒀다고 한다. 그리고 그는 59세의 나이에 온몸을 구릿빛의 아름다운 근육질 몸매로 만들고 10여 점의 누드 사진을 찍어 카탈로그로 제작했다. 인터뷰할 당시 목표를 성취한 그의 얼굴에는 꿈을 이룬 사람 특유의 평온함이 가득했다. 김원곤 교수는 "몸을 만들어서 누드 사진을 찍는 것 외에 일본어, 중국어, 프랑스어, 스페인어 4개 시험에 좋은 점수를 받는 것도 또 다른 목표였는데, 둘 모두를 이뤄내서 행복하다"고 말했다. 대학병원 흉부외과 교수로서 바쁜 일상을 살면서도 목표를 위한 열정이 있었기에 거의 매일 피트니스센터와 외국어학원을 빠지지 않고 다녔다고 한다. 또 오랫동안 식단 조절도 감행해야 했다. 그런데도 그는 행복하다는 말을 하는 것이다.

그렇다면 꿈이나 목표가 있는 사람이 꿈이나 목표가 없는 사람보다 정말 행복할까? 그에 대한 답은 이미 연구를 통해 '그렇다'로 입증돼 있다. 꿈을 성취하는 과정이 힘들더라도 말이다. 미국 캘리포니아 주립대학 심리학과 리안 호웰 교수팀이 남녀 154명에게 최근 3개월간 무엇을 성취한 적이 있는지, 어떤 것을 성취했는지, 어떤 과정을 거쳐서 성취했는지를 조사하고 행복 정도를 측정했다. 그 결과, 무엇인가를 성취한 사람은 대부분 행복해했지만, 가장 행복한 사람은 목표를 정해놓고 어려움을 이겨가며 무엇인가를 성취한 사람이었다. 꿈이나 목표를 이루기 위해서 고통 속에서 한 단계 한 단계 올라가며 얻는 만족이 만만치 않은 행복을 선사하는 것이다.

의학자들은 "꿈이나 목표를 성취하기 위해서 꾸준히 길을 걷는 사람은 그 과정을 거치는 동안 뇌에서 행복호르몬의 하나인 도파민이 분비되고, 꿈이나 목표를 달성한 뒤에도 오랜 기간 도파민이 잘 나오게 된다"고 주장한다.

꿈이나 목표가 있는 사람은 꿈이나 목표가 없는 사람보다 무엇을 해도 더 많은 것을 이뤄내는 속성이 있다. 한국교육개발원 연구에 따르면, 상위권 학생은 하위권 학생보다 확실히 장래 희망이 뚜렷하고, 일찍부터 희망하는 대학에 대한 목표를 세우고 있으며, 그 목표를 달성하는 데 있어서 자신감도 크다고 한다. 이는 교육열이 대단한 국내에만 적용되는 이야기가 아니다.

미국 네브래스카대학 사라 빌 교수팀이 고등학생들을 대상으로 장래 목표와 목표에 대한 기대감과 관련해서 설문조사를 한 다음 학교 성적을 비교해봤다. 그랬더니, 구체적인 목표가 있고 목표에 대한 기대감이 큰 고등학생 그룹이 구체적인 목표가 없거나 목표에 대한 기대감이 크지 않은 고등학생 그룹보다 학교 성적이 확실히 높았다. "더 많은 것을 꿈꿀수록 더 많은 것을 얻을 수 있다"고 말한 미국의 수영 국가대표 선수 마이클 펠프스도 수영에서 세계 신기록을 수십 번 갈아치우며 직접 몸으로 자신의 말을 입증해낸 바 있다.

꿈이 있고 목표가 뚜렷한 사람이 행복한 이유는 또 있다. 삶의 목적이 뚜렷한 사람은 질병을 앓아도 빨리 회복하는 특성이 있는 까닭이다. 서울성모병원 정신건강의학과 채정호 교수팀이 우울증이나 불안장애를 앓는 121명을 대상으로 삶의 목적에 대한 설문조사와 함께 병을 이길 수 있는지 회복력을 따져보고, 6개월 뒤 실제 어떤 변화가 있는지 살펴봤다. 연구 결과, 회복력 상위 그룹의 '삶의 목적' 설문조사 점수가 100.8점, 회복력 중위 그룹이 77.3점, 회복력 하위 그룹이 57.1점으로 큰 차이를 보였다. 채정호 교수는 "6개월 뒤 회복력에 따라서 우울 지수나 불안 지수가 확실히 내려가서 삶의 목적이 뚜렷하면 질병에서 빨리 회복하는 특징이 입증됐다"고 말했다.

꿈이나 목표는 질병을 예방하는 습성도 있다. 삶의 목표가 뚜렷한 사람은 치매에도 덜 걸린다고 한다. 미국 러시대학 패트리셔 보일 박사팀이 900여 명의 노인을 대상으로 삶에 대한 목표가 얼마나 강한지 10개로 등급을 매긴 다음 삶의 목표가 치매에 미치는 영향을 몇 년간 살폈다. 연구 결과, 목표 의식이 가장 뚜렷한 1등급 그룹이 목표 의식이 거의 없는 10등급 그룹보다 4분의 3가량이나 치매에 덜 걸렸다. 이뿐 아니다. 목적의식이 강한 사람은 그렇지 않은 사람보다 더 오래 산다고 한다.

패트리셔 보일 교수팀이 평균 연령 78세인 1,238명의 노인에게 삶의 목표가 있는지, 목표를 이루려는 의지가 강렬한지를 확인해서 수치화한 다음 5년이 지나서 삶의 목표가 사망률에 어떤 영향을 미쳤는지 살펴봤다. 연구 결과, 목표 수치가 높은 사람은 목표 수치가 낮은 사람에 비해 사망률이 절반가량에 불과했다. 패트리셔 보일 교수는 "목표를 가지고 있는 사람이 목표가 없는 사람보다 3년 더 오래 산다"고 역설했다. 미국 보스턴대학 의대 교수 디팩 초프라 박사는 저서 《마음의 기적》에서 "암이나 심장질환으로 사망하는 비율은 목적의식이 강한 사람들이 더 낮다"고 말한다.

운동 역시 구체적인 목표를 세워서 하면 더 좋은 결과를 얻게 된다. 목표가 있는 사람은 그 목표를 달성하기 위해서 더 열심히 노력하기 때문이다. 미국 캔사스주립대학 브랜드 어원 교수팀이 여대생에게 실내자전거를 1시간씩 6회 타게 하면서 가상의 파트너와 팀을 이뤄서 목표를 정하고 운동하는 그룹과 목표 없이 운동하는 그룹으로 나눠서 비교해봤다. 그랬더니 구체적으로 목표를 정하고 운동한 그룹이 아무런 목표 없이 운동한 그룹에 비해 30분 이상 더 오래 운동을 했다고 한다.

또, 목적의식이 강하면 나이가 들어서도 건강하게 생활할 가능성이 크다. 디팩 초프라 박사는 《마음의 기적》에서 "목적의식을 가지고 활동적으로 생활하고자 하는 의지만 재확인시켜 주면, 많은 노인들이 운동능력과 체력, 민첩성, 정신반응을 극적으로 개선시킬 수 있다"고 주장한 바 있다.

몽상가는 누가 뭐래도 행복하다. 어린이가 어른보다 더 많이 웃고 더 행복한 이유도 여기에 있다. 꿈을 꾸지 않는 어린이는 거의 존재하지 않는 까닭이다. 꿈을 꾸는 사람의 얼굴에는 미소가 가득하고, 목표가 뚜렷한 사람의 얼굴에는 차돌 같은 단단함이 있다. 미소 가득한 얼굴로 차돌 같이 단단하게 꿈을 이뤄나가는 사람은 불행하기도 어렵다. 그래서인지, 유태인은 어렸을 때 말도 안 되는 꿈을 꾸라고 가르침을

받고 자란다고 한다.

유태인 기억력 천재로 불리는 에란 카츠가 쓴《천재가 된 제롬》에는 유태인식 세미나에서는 자기 현실에 비춰봤을 때 말도 안 된다 싶은 것을 상상하라고 가르친다고 나온다. 조금 벅찰 수도 있는 목표를 세워서 그것을 어떻게 이룰 수 있는지 그 실제적인 방법에 대해 생각하다 보면 결국 모든 게 가능해진다는 것이다. 말도 안 되는 꿈이 실현된 모습을 상상만 해도 기분이 좋은데, 실제 그 꿈이 실현된다면 기분이 어떨까. 창공을 나는, 그 당시 허무맹랑한 꿈을 꿨던 라이트 형제가 첫 비행에 성공했을 때의 행복만큼이 아닐지.

목표로 매일 매일 행복을 얻는 방법이 있다. 바로 매일 아침 다이어리에 소소하더라도 오늘 해야 할 일을 정해놓은 뒤 완성한 순간마다 표시하는 것이다. 하루 일과를 끝낼 때 다이어리를 보며 오늘 해낸 일을 따져보면, 괜히 가슴이 뿌듯해진다. '영어공부 30분' '책 반납과 대출' '공과금 내기' '화장품 구입' 같은 사소한 목표를 이룬 사실이 '오늘 하루도 나름 열심히 살았네'라는 충족감을 주기 때문이다.

또, 삶의 최종 꿈을 매일 다이어리에 같이 적어 넣는 것도 행복한 하루를 살아내는 비법이다. 꿈을 되새기는 순간만큼은 무척 행복하다. 더불어, 꿈을 계속 뇌에 각인시키면 저절로 꿈에 다가서는 마법이 일어나기도 한다.

꿈이나 목표를 정할 때, 행복 지수를 조금 더 높이는 방법도 있다. 타인과 비교해서 목표를 세우기보다 자기 스스로를 채우는 목표를 설정하는 것이다. 네덜란드 틸부르흐대학과 프랑스 클레르몽대학 공동 연구팀이 목표를 타인 비교형으로 세우는지, 자기 완성형으로 세우는지를 살핀 후 인간관계를 맺을 때 어떤 특성이 있는지 관찰했다. 그 결과, 자기 완성형 목표를 세우는 사람은 인간관계가 좋고 타인과 협력을 잘 해서 유쾌한 분위기를 잘 만들었다. 그러나 비교형 목표를 세우는 사람은 타인의 소리에 귀를 기울이지 않고 자기주장만 내세워서 좋지 않은 분위기를 잘 자아냈다.

꿈이나 목표를 더 크게 성취하는 방법도 있다. 바로, 꿈이나 목표를 노트에 적어두는 것이다. 미국 아이비리그의 학생을 대상으로 꿈이나 목표를 적게 한 다음 10년 뒤 그들의 수입을 살폈더니, 당시 명확히 꿈을 적었던 학생 2%의 전체 수입이 꿈을 적지 못했던 학생 98%의 전체 수입보다 컸다고 한다. 또한, 팀으로 목표를 정했을 때는 자신의 목표보다 팀에 집중하는 게 자신의 목표를 더 크게 성취하는 길이라고 한다.

미국 미시간주립대학 연구팀이 팀을 이뤄 운동을 하는 80명의 선수를 경기 전 자신의 목표에 집중해서 시합하게 한 그룹, 팀의 목표에 집중해서 시합하게 한 그룹, 자신과 팀의 목표를 모두 고려해서 시합하게 한 그룹으로 나눠서 경기 결과를 살폈다. 연구 결과, 세 그룹 가운데 팀의 목표에 집중해서 시합하게 한 그룹이 가장 뛰어난 성적을 냈고, 개인의 기량도 가장 높게 발휘됐다. 더불어, 꿈이나 목표를 갖고 있는 사람이 더 행복해지기 위해서는 실패를 즐길 줄 알아야 한다.

야구선수 박찬호는 2010년 7월 뉴욕 양키스에서 방출된 직후 "나는 오뚝이 인생을 살아왔다. 시련은 성장의 기회이고, 행복은 성장의 대가다. 시련이 많다는 건 운이 좋은 일이다. 더 크게 성장할 수 있기 때문이다. 이 시련도 또 흘러간다, 기회는 언제나 있다"고 글을 올린 적이 있다. 이후 박찬호 선수는 피츠버그 파이어리츠에 입단해 2010년 10월 개인 통산 124승을 기록해서 아시아 투수 역대 메이저리그 최다승 기록을 경신했다. 세계적인 디자인기업 아이데오(IDEO) 창업자 데이비드 켈리도 "빨리 실패하라. 그러면 더 빨리 성공할 것이다"라고 말한 바 있다. 실패를 즐길 줄 아는 사람은 행복한 사람임이 분명하다. 시련이나 실패에도 굴하지 않고 꿋꿋이 꿈을 향해 전진해 나가는 사람이기 때문이다.

행복하게 살려면 꿈을 가져라.

그리고 매일 매일 꿈을 향해 달려가라.

"행복은 성취의 기쁨과 창조적 노력이 주는 쾌감 속에 있다."
미국 대통령 프랭클린 D. 루스벨트의 말에 반기를 드는 이는
없을 것이다. 그래서 꿈이나 목표가 없는 사람은 불행하다.
꿈이 없을 때는 무엇을 해도 그다지 열심히 하지 않고 무엇을
성취해도 기쁨이 그리 크지 않다.